Christoph Kardinal Schönborn

# Zeit des wachsamen Herzens

Christoph Kardinal Schönborn

# Zeit des wachsamen Herzens

*Ein Begleiter für Advent und Weihnachten*

Herausgegeben von Hubert Philipp Weber

Patmos Verlag

**VERLAGSGRUPPE PATMOS**

**PATMOS**
**ESCHBACH**
**GRÜNEWALD**
**THORBECKE**
**SCHWABEN**

Die Verlagsgruppe
mit Sinn für das Leben



Für die Verlagsgruppe Patmos ist Nachhaltigkeit ein wichtiger Maßstab ihres Handelns. Wir achten daher auf den Einsatz umweltschonender Ressourcen und Materialien.



Umschlaggestaltung: Finken & Bumiller, Stuttgart
Umschlagabbildung: Qweek / iStock
Satz: Schwabenverlag AG, Ostfildern
Druck: GGP Media GmbH, Pößneck
Hergestellt in Deutschland
ISBN 978-3-8436-0958-6

# Inhalt

*Vorwort* ........................................ 9

*Erster Adventssonntag*

*Lesejahr A:* Es kommt der Tag … ................. 11

*Lesejahr B:* Advent – einmal anders ............... 15

*Lesejahr C:* Advent – Zeit der Hoffnung .......... 19

*Zweiter Adventssonntag*

*Lesejahr A:* Johannes – ein ganz Großer ........... 23

*Lesejahr B:* Das Evangelium – was ist das? ......... 27

*Lesejahr C:* Eine Sternstunde des Lebens .......... 31

*Dritter Adventssonntag*

*Lesejahr A:* Wenn Zweifel uns plagen .............. 35

*Lesejahr B:* Freude in der Dunkelheit .............. 39

*Lesejahr C:* Was sollen wir tun? .................. 43

*Vierter Adventssonntag*

*Lesejahr A:* Das große Weihnachtsgeschenk ........ 48

*Lesejahr B:* Wie soll das geschehen? ............... 52

*Lesejahr C:* Ein Kind der Hoffnung ............... 56

*In der Heiligen Nacht*

Stille Herbergssuche ........ 60

Ihr werdet ein Kind finden ........ 63

*Weihnachtstag*

Niemand hat Gott je gesehen ........ 67

Weihnachten geht weiter ........ 71

*Fest der Heiligen Familie*

*Lesejahr A:* Familie auf der Flucht ........ 74

*Lesejahr B:* Die Großfamilie Jesu ........ 78

*Lesejahr C:* Auf die Suche nach Jesus gehen ........ 83

*Neujahr*

Segen und Heil im neuen Jahr ........ 88

Der gewaltlose Weg ........ 92

*Zweiter Sonntag nach Weihnachten*

Im Anfang war der Sinn ........ 95

Das menschliche Antlitz Gottes ........ 99

*Erscheinung des Herrn (Heilige Drei Könige)*

Mutige Suche nach Gott ........ 103

Begegnung der Religionen ........ 107

*Taufe des Herrn*

*Lesejahr A:* Du kommst zu mir? .................. 111

*Lesejahr B:* Gottes Regenbogen über unserem Leben 114

*Lesejahr C:* Von zwei Wegen der dritte ............ 118

*Darstellung des Herrn*

Das Licht von Betlehem ......................... 123

## Vorwort

An keinem Tag des Jahres sind mehr Menschen in der Kirche als am Heiligen Abend. Weihnachten bewegt die Herzen. Die Krippenandacht am Nachmittag des 24. Dezember, oft auch „Kindermette“ genannt, versammelt mehr Kinder und Eltern als alle anderen Andachten des Jahres. Und meist ist auch die Mette in der Heiligen Nacht bestens besucht.

Kein Zweifel, Weihnachten ist vielen Menschen ein wichtiges, wenn nicht das wichtigste Fest des Kirchenjahres. Trotz Weihnachtsmann und Weihnachtsmärkten, trotz Rentieren und anderem Kitsch bleibt das Herz, der Sinn des Weihnachtsfestes bei vielen lebendig, die sonst wenig Gebrauch von kirchlichem Angebot machen.

Auch der Advent ist bisher nicht ganz in den Punschständen und Adventsevents untergegangen. Er lebt als Vorbereitung auf Weihnachten vor allem in den Rorate-Messen, die trotz der frühen Morgenstunde viele Menschen anziehen, besonders auch junge. Übrigens: nichts gegen Adventsmärkte und Punschstände. Sie dienen oft wirklich guten Zwecken. Wie auch nichts gegen Weihnachtsgeschenke, wenn sie ihren Bezugspunkt nicht verlieren, das

Kind, Gottes großes Geschenk: Jesus, das Christkind, der „Gott-mit-uns", der sich nicht scheut, als kleines Neugeborenes in diese Welt zu kommen.

Sonntag für Sonntag und auch an allen großen Feiertagen des Kirchenjahres darf ich für Österreichs größte Tageszeitung das jeweilige Evangelium auslegen. Über 900 Mal, seit 2001, erlebe ich diese wöchentliche Freude, in das Evangelium hineinzuhorchen, mich von ihm ansprechen und berühren zu lassen. Nie wird das Evangelium alt. Immer tun sich neue Fenster und Türen auf, entdecke ich bisher mir Verschlossenes, von mir noch nicht Beachtetes. Und immer spricht das Evangelium mitten in mein Leben hinein. Meine größte Freude ist es, wenn die Leserinnen und Leser Ähnliches erleben, ja oft noch mehr angesprochen werden als ich selber. Denn es ist ja Sein Wort, Gottes Wort, das im Menschenwort des Evangeliums zu uns spricht. Möge sich solches für viele ereignen, die dieses Büchlein in die Hand nehmen.

Wien, am Fest der Geburt Johannes des Täufers, sechs Monate vor dem Fest der Geburt Jesu, am 24. Juni 2017

+Christoph Kard. Schönborn

# *Erster Adventssonntag*

## Es kommt der Tag …

*Lesejahr A*

[In jener Zeit sprach Jesus zu seinen Jüngern:] Wie es in den Tagen des Noach war, so wird es bei der Ankunft des Menschensohnes sein. Wie die Menschen in den Tagen vor der Flut aßen und tranken und heirateten, bis zu dem Tag, *an dem Noach in die Arche ging,* und nichts ahnten, bis die Flut hereinbrach und alle wegraffte, so wird es auch bei der Ankunft des Menschensohnes sein. Dann wird von zwei Männern, die auf dem Feld arbeiten, einer mitgenommen und einer zurückgelassen. Und von zwei Frauen, die mit derselben Mühle mahlen, wird eine mitgenommen und eine zurückgelassen. Seid also wachsam! Denn ihr wisst nicht, an welchem Tag euer Herr kommt.

Bedenkt: Wenn der Herr des Hauses wüsste, zu welcher Stunde in der Nacht der Dieb

kommt, würde er wach bleiben und nicht zulassen, dass man in sein Haus einbricht. Darum haltet auch ihr euch bereit! Denn der Menschensohn kommt zu einer Stunde, in der ihr es nicht erwartet.
(MATTHÄUSEVANGELIUM 24,37–44)

Heute beginnt der Advent. Die Weihnachtsmärkte haben an vielen Orten bereits seit Mitte November geöffnet. Aber heute fängt der Advent tatsächlich an. Advent kommt aus dem Lateinischen und heißt Ankunft. Groß ist inzwischen die Verwirrung über den Sinn des Advents. Was oder wer soll ankommen? Früher war die Antwort allen klar: Die vier Adventssonntage bereiten auf das Kommen von Jesus vor, dessen Geburt zu Weihnachten gefeiert wird. Immer mehr wird dieser eigentliche Sinn von Advent und Weihnachten vergessen. Übrig bleiben das Weihnachtsgeschäft, die Geschenke und die Adventsstimmung – und meistens eine recht hektische Zeit, unter der viele stöhnen.

Das Evangelium vom ersten Adventssonntag spricht von einer ganz anderen Ankunft: „Der Menschensohn kommt zu einer Stunde, in der ihr es nicht erwartet." Jesus hat sich selbst oft als „Menschensohn" bezeichnet. Meist nennt er sich so, wenn er von einer anderen Ankunft spricht. Nicht von Weihnachten, seiner Geburt, sondern von seiner „Wiederkunft", seinem letzten, endgültigen Kommen.

Dieser „zweite Advent" ist alles eher als gemütlich. Er kündigt sich durch dramatische Ereignisse, Kriege, Erdbeben, Naturkatastrophen an. Aber gleichzeitig sagt Jesus, dass sich sein zweites Kommen nicht voraussagen lässt. Keiner kennt den Tag und die Stunde. Wann Weihnachten kommt, wissen wir alle. Es steht fest im Kalender. Wann Christus wiederkommt, weiß niemand.

Die frühen Christen haben diesen „Tag X" schon bald erwartet. Sie dachten, es werde nicht lange dauern, bis Christus wiederkommt. Als aber eine Generation nach der anderen verging, begannen viele zu zweifeln, ob das mit der Ankündigung des zweiten und endgültigen Advents überhaupt stimmt.

Deshalb warnt Jesus. Er vergleicht den Tag seines Wiederkommens mit einem Dieb. Kein Dieb kündigt an, wann er einbrechen und stehlen wird. Deshalb müssen wir wachsam sein, damit der Dieb uns nicht überrascht. Jesus hat im Voraus davor gewarnt:

Lebt nicht unbekümmert in den Tag hinein! Das taten die Menschen zur Zeit des Noach. Sie gingen ihrem Leben nach „und ahnten nichts, bis die Flut hereinbrach und alle hinwegraffte". Daher rät Jesus: „Seid also wachsam! Denn ihr wisst nicht, an welchem Tag euer Herr kommt."

Will Jesus Panik verbreiten? Ist das Angstmache? Wir können doch nicht ständig in Alarmbereitschaft sein. Dass muss die Feuerwehr oder die Rettung. Dazu sind sie da. Aber in unserem Alltag? Alle gehen ihrer Arbeit nach, leben ihr Leben. Was heißt da wachsam sein? Die vielen Nachrichten von Einbrüchen und Überfällen sorgen schon für genug Unruhe und Sorge.

Wie lernen wir die Wachsamkeit, von der Jesus spricht? Mir kommt da ein Wort in den Sinn, das ein Onkel uns Kindern gesagt hat und das ich nie vergesse: „Nehmt nichts als selbstverständlich!" Wie wahr! Nichts ist selbstverständlich – Gesundheit, Arbeit, Frieden, Wohlergehen. Also: Für alles immer wieder danken, das macht wachsam. Und es macht bereit für den Tag, da Gott an unsere Tür klopft.

# Advent – einmal anders

*Lesejahr B*

[Jesus sprach zu seinen Jüngern]: In jenen Tagen, nach der großen Not, *wird sich die Sonne verfinstern und der Mond wird nicht mehr scheinen; die Sterne werden* vom Himmel *fallen* und die Kräfte des Himmels werden erschüttert werden. Dann wird man den *Menschensohn* mit großer Macht und Herrlichkeit *auf den Wolken kommen* sehen. Und er wird die Engel aussenden und die von ihm Auserwählten *aus allen vier Windrichtungen zusammenführen,* vom Ende der Erde bis zum Ende des Himmels.

Lernt etwas aus dem Vergleich mit dem Feigenbaum! Sobald seine Zweige saftig werden und Blätter treiben, wisst ihr, dass der Sommer nahe ist. Genauso sollt ihr erkennen, wenn ihr all das geschehen seht, dass das Ende vor der Tür steht. Amen, ich sage euch: Diese Generation wird nicht vergehen, bis das alles eintrifft. Himmel und Erde werden vergehen, aber meine Worte werden nicht vergehen. Doch jenen Tag und jene Stunde kennt niemand, auch nicht die Engel im Himmel, nicht einmal der Sohn, sondern nur der Vater.

Seht euch also vor und bleibt wach! Denn ihr wisst nicht, wann die Zeit da ist. Es ist wie mit einem Mann, der sein Haus verließ, um auf Reisen zu gehen: Er übertrug alle Verantwortung seinen Dienern, jedem eine bestimmte Aufgabe; dem Türhüter befahl er, wachsam zu sein. Seid also wachsam! Denn ihr wisst nicht, wann der Hausherr kommt, ob am Abend oder um Mitternacht, ob beim Hahnenschrei oder erst am Morgen. Er soll euch, wenn er plötzlich kommt, nicht schlafend antreffen. Was ich aber euch sage, das sage ich allen: Seid wachsam! (Markusevangelium 13,24–37)

Dieses Evangelium klingt gar nicht sehr adventlich. Da ist keine Rede vom Adventskranz (den es übrigens erst seit dem 19. Jahrhundert gibt), da gibt es keinen Adventsmarkt, da ist keine Spur von Punschständen und Bäckereien oder von Adventsliedern. Vielmehr ist da die Rede von kosmischen Katastrophen, vor Unvorhersehbarem, das über die Menschen hereinbricht, vom Ende, von der glorreichen Wiederkunft Christi und von deren Erwartung.

Doch damit sind wir viel näher beim ursprünglichen Sinn des Advents als mit all dem noch so gefühlsbetonten Adventsrummel unserer Tage. Advent heißt wörtlich Ankunft, und um dieser Ankunft willen feiern wir Advent. Nach alter christlicher Tradition geht es an den vier Sonntagen vor Weihnachten um eine dreifache Ankunft. Zuerst um die, die vor allem zu Weihnachten gefeiert wird, um die Geburt Jesu, des Sohnes Mariens, des Sohnes Gottes, im Stall von Betlehem, am Anfang unserer Zeitrechnung vor über 2000 Jahren.

Weihnachten ist aber nicht nur eine ferne Erinnerung an die Ereignisse zur Zeit des Kaisers Augustus. Es geht immer auch um das Heute, in dem wir leben: das Kommen Jesu in unsere Zeit, seine Gegenwart in unserer Mitte. Er hat ja versprochen: „Ich bin bei euch alle Tage bis ans Ende der Welt."

Advent bedeutet drittens das Warten auf sein Kommen am Ende der Zeit. Davon handelt heute das Evangelium. Es enthält Worte Jesu über seinen endgültigen „Advent", sein Kommen in Herrlichkeit.

Weil wir uns diesen dritten und letzten Advent Jesu nicht so leicht vorstellen können, spricht er, wie so oft, in Bildern von dem, was da auf uns zukommt. Ein erstes Bild zeigt kosmische Katastrophen. Sonne, Mond und Sterne werden ihren Dienst aufgeben. Der Himmel wird erschüttert werden, ja zusammenbrechen. Die Sonne ist für uns das Selbstverständlichste. Auf die Sekunde genau können wir ihren Auf- und Untergang für jeden Tag auf Jahre hinaus berechnen. Dasselbe gilt vom Mond. Und die Fixsterne am Nachthimmel heißen so, weil sie seit eh und je fest an ihrem Platz sind.

Jesus kündigt in diesem Bild an, dass Zeiten kommen werden, in denen alles unsicher wird, in denen uns die Fixsterne verlorengehen, an denen wir uns in der Nacht unseres Lebens orientieren können. Eine Zeit, in der uns das Licht des Tages und die Leuchte der Nacht verlorengehen, weil alles drunter und drüber geht. Und manches an unserer orientierungslosen Zeit erinnert an die Ansage Jesu.

Ein zweites Bild: Lernt vom Feigenbaum! Lernt die Zeichen der Natur zu lesen. Sprechen der Klimawandel und die zunehmenden Naturkatastrophen nicht eine deutliche Sprache?

Ein drittes Bild: der Türhüter. Er muss wachen und warten, bis sein Hausherr heimkommt. Advent ist Zeit des Wachens und Wartens. Der schöne

Brauch der Roratemessen früh am Morgen erinnert uns an diesen Sinn des Advents.

Wir wissen nicht, *wann* Jesus wiederkommt, nur *dass* er kommen wird. Vor allem darauf zu warten heißt, Advent einmal anders zu feiern.

## Advent – Zeit der Hoffnung

*Lesejahr C*

> [Jesus sprach zu seinen Jüngern:] Es werden Zeichen sichtbar werden an Sonne, Mond und Sternen, und auf der Erde werden die Völker bestürzt und ratlos sein über das Toben und Donnern des Meeres. Die Menschen werden vor Angst vergehen in der Erwartung der Dinge, die über die Erde kommen; denn die Kräfte des Himmels werden erschüttert werden. Dann wird man den *Menschensohn* mit großer Macht und Herrlichkeit *auf einer Wolke kommen* sehen. Wenn (all) das beginnt, dann richtet euch auf, und erhebt eure Häupter; denn eure Erlösung ist nahe. …

Nehmt euch in Acht, dass Rausch und Trunkenheit und die Sorgen des Alltags euch nicht verwirren und dass jener Tag euch nicht plötzlich überrascht, (so) wie (man in) eine Falle (gerät); denn er wird über alle Bewohner der ganzen Erde hereinbrechen. Wacht und betet allezeit, damit ihr allem, was geschehen wird, entrinnen und vor den Menschensohn hintreten könnt.

(Lukasevangelium 21,25–28.34–36)

Der Nahe Osten wird seit vielen Jahren von Kriegen heimgesucht. Kein Ende ist in Sicht. Hunderttausende Tote, Millionen Menschen auf der Flucht. Die Auswirkungen betreffen uns inzwischen ganz direkt. Der Krieg ist einer der Hauptgründe der großen Fluchtbewegung Richtung Europa.

Eine der Ursachen war eine langanhaltende schlimme Trockenheit im Lande, die viele in Not brachte. Sie hat mitbewirkt, dass es zu anfangs friedlichen Protesten kam, dem „Arabischen Frühling", der dann bald zum bewaffneten Konflikt führte, der im Krieg mündete. Die globale Erwärmung wird für die Trockenheit verantwortlich gemacht, im Nahen Osten und anderswo.

Hat es nicht immer wieder solche Zeiten von Krieg und Not gegeben? Umbrüche, große Erschütterungen, gewaltsame Veränderungen? Erst einige Jahrzehnte ist es her, dass der blutigste aller Kriege zu Ende ging, der Zweite Weltkrieg. Und gab es damals gegen Ende des Krieges, mitten in seinem Schrecken, nicht die Erfahrung, von der die Generation unserer Eltern und Großeltern erzählte: die Hoffnung auf eine Zeit nach dem Krieg, wo es wieder aufwärts geht?

An all das muss ich denken, wenn ich das heutige Evangelium lese. Es überrascht, dass der Advent mit so ernsten Worten beginnt. Jesus spricht von Zeiten großer Erschütterung. Kosmische Katastrophen, gewaltige Umbrüche: „Die Menschen werden vor Angst vergehen in der Erwartung der Dinge, die über die Erde kommen." „Die Völker werden bestürzt und ratlos sein."

Doch nun das Überraschende: Jesus verbreitet keine Panik. Er schürt nicht die Ängste, wie das in unruhigen Zeiten gern getan wird. Ganz im Gegenteil. Er ruft zur Hoffnung auf: „Wenn all das beginnt, dann richtet euch auf, und erhebt eure Häupter;

denn eure Erlösung ist nahe." Jesus macht Mut. Mitten in der Not kündigt sich das Heil an. Der Dichter Friedrich Hölderlin sagte in dem berührenden Vers seiner Hymne „Patmos": „Wo aber Gefahr ist, wächst das Rettende auch."

Der Advent ist die Zeit der Hoffnung. In den Adventsliedern kommt beides zum Ausdruck: die Not und Finsternis unserer Welt mit ihren Kriegen und Konflikten, Ängsten und Sorgen, und die Sehnsucht nach dem erhofften Frieden, dem erbetenen Heil. Die Hoffnung richtet auf, sie gibt neuen Lebensmut und frische Kraft.

Jesus zeigt aber auch, was wir von uns aus tun können, damit wir den Mut nicht verlieren und die Hoffnung stärken: „Nehmt euch in Acht, dass Rausch und Trunkenheit und die Sorgen des Alltags euch nicht verwirren." Ein klarer Kopf, der sich nicht gleich von den Problemen durcheinanderbringen lässt. Und „Wachet und betet allezeit." Nüchtern bleiben und beten – das vor allem empfiehlt Jesus. Hinter dieser Haltung steht eine unerschütterliche Gewissheit: Gott ist und bleibt der Herr der Geschichte. Er verlässt uns nicht. Er kommt zu uns, ist bei uns. Das ist der Sinn von Weihnachten. Darauf will der Advent vorbereiten: Er ist die Zeit der Hoffnung.

# *Zweiter Adventssonntag*

## Johannes – ein ganz Großer

*Lesejahr A*

In jenen Tagen trat Johannes der Täufer auf und verkündete in der Wüste von Judäa: Kehrt um! Denn das Himmelreich ist nahe. Er war es, von dem der Prophet Jesaja gesagt hat: *Eine Stimme ruft in der Wüste: Bereitet dem Herrn den Weg! Ebnet ihm die Straßen!* Johannes trug ein Gewand aus Kamelhaaren und einen ledernen Gürtel um seine Hüften; Heuschrecken und wilder Honig waren seine Nahrung. Die Leute von Jerusalem und ganz Judäa und aus der ganzen Jordangegend zogen zu ihm hinaus; sie bekannten ihre Sünden und ließen sich im Jordan von ihm taufen.

Als Johannes sah, dass viele Pharisäer und Sadduzäer zur Taufe kamen, sagte er zu ihnen: Ihr Schlangenbrut, wer hat euch denn gelehrt, dass ihr dem kommenden Gericht entrinnen könnt? Bringt Frucht hervor, die eure Umkehr zeigt, und meint nicht, ihr könntet sagen: Wir haben ja Abraham zum Vater. Denn ich sage euch: Gott kann aus diesen Steinen Kinder Abrahams machen. Schon ist die Axt an die Wurzel der Bäume gelegt; jeder Baum, der keine gute Frucht hervorbringt, wird umgehauen und ins Feuer geworfen.

Ich taufe euch nur mit Wasser (zum Zeichen) der Umkehr. Der aber, der nach mir kommt, ist stärker als ich, und ich bin es nicht wert, ihm die Schuhe auszuziehen. Er wird euch mit dem Heiligen Geist und mit Feuer taufen. Schon hält er die Schaufel in der Hand; er wird die Spreu vom Weizen trennen und den Weizen in seine Scheune bringen; die Spreu aber wird er in nie erlöschendem Feuer verbrennen.

(MATTHÄUSEVANGELIUM 3,1–12)

Einladend ist die Gegend sicher nicht: die Wüste beim Toten Meer. In dieser Landschaft, die außer Sand und Steinen nichts zu bieten hat, lebt ein Mann, dessen Äußeres nicht gerade anziehend ist. Er trägt ein Gewand aus Kamelhaaren, vermutlich eher unbequem und stachelig. Und wovon ernährt er sich in dieser Wüste, in der nichts wächst? „Heuschrecken und wilder Honig waren seine Nahrung."

Zu diesem seltsamen Mann kommen Menschen in Scharen. Sie sind nicht von seinem Äußeren abgestoßen. Im Gegenteil. Johannes, so heißt er, zieht an. Was ist es, das so viele Menschen in die Wüste von Judäa hinauslockt? Dafür gibt es wohl nur eine Erklärung: Johannes war glaubwürdig. Was er sagte, lebte er. Sein Leben war selbst schon eine Predigt.

„Kehrt um! Denn das Himmelreich ist nahe." Dieser Rufer in der Wüste berührte die Menschen, und sie kamen in Scharen zu ihm. Auch heute ist der Ruf zur Umkehr ständig zu hören. Nicht nur unser äußerer Lebensstil wird in Frage gestellt. Noch tiefer geht der Ruf zur inneren Umkehr: eine alte Feindschaft endlich einmal zu begraben, eine tiefsitzende Bitterkeit über erlittenes Unrecht aufzugeben, einen Vorwurf gegen eine andere Person nicht endlos weiterzutragen.

Der Ruf des Johannes zur Umkehr wirkte so mächtig, dass die Menschen zu ihm in die Wüste kamen. „Sie bekannten ihre Sünden und ließen sich im Jordan von ihm taufen." Sie trauen sich, diesem sonderbaren Wüstenbewohner ihre Sünden zu bekennen. Wie schaffte er es, so viel Vertrauen zu wecken, dass die Menschen ihr innerstes Herz öffneten und ihm alles sagten, was in ihrem Leben danebengegangen war?

Als Zeichen, dass sie ihre Sünden wirklich losgeworden sind, taucht Johannes jeden Einzelnen im Jordanwasser unter. Reingewaschen von allem, was sie belastet hat, können sie wieder in ihren Alltag zurückkehren. Eine gute Beichte kann eine ähnliche Wirkung haben.

Johannes ist inzwischen so bekannt geworden, dass nicht nur einfache Leute zu ihm kommen, sondern auch „Obrigkeiten", also die religiöse Elite des Landes, Pharisäer und Sadduzäer. Kommen sie, weil der Ruf zur Umkehr sie berührt hat? Oder ist es Neugierde?

Johannes packt sie scharf an: „Ihr Schlangenbrut!" Was wirft er ihnen mit so harschen Worten vor? Glaubt nicht, dass ihr besser seid als die einfachen Leute, auf die ihr gern herunterschaut! Bringt Frucht, die eure Umkehr zeigt! Gerade von euch, den religiösen Obrigkeiten, wird erwartet, dass ihr glaubwürdig seid. Glaubt nicht, ihr könnt euch auf euren Privilegien ausruhen: „Wir haben ja Abraham zum Vater." Ich frage mich, wie viele von den führenden Leuten damals von Johannes berührt wurden. Manche werden sich in ihrem Urteil über diesen „Spinner in der Wüste" bestätigt gefühlt haben. Der eine oder andere aber wird wohl nachdenklich nach Jerusalem zurückgekehrt sein.

Johannes war ein ganz Großer, streng gegen sich selbst, barmherzig mit allen, die ehrlich bereuen, unerbittlich gegen die, die von sich selbst überzeugt waren. Johannes bleibt ein großes Vorbild.

## Das Evangelium – was ist das?

*Lesejahr B*

Anfang des Evangeliums von Jesus Christus, dem Sohn Gottes: Es begann, wie es bei dem Propheten Jesaja steht: *Ich sende meinen Boten vor dir her; er soll den Weg für dich bahnen. Eine Stimme ruft in der Wüste: Bereitet dem Herrn den Weg! Ebnet ihm die Straßen!*

So trat Johannes der Täufer in der Wüste auf und verkündigte Umkehr und Taufe zur Vergebung der Sünden. Ganz Judäa und alle Einwohner Jerusalems zogen zu ihm hinaus; sie bekannten ihre Sünden und ließen sich im Jordan von ihm taufen. Johannes trug ein Gewand aus Kamelhaaren und einen ledernen Gürtel um seine Hüften, und er lebte von Heuschrecken und wildem Honig. Er verkündete: Nach mir kommt einer, der ist stärker als ich; ich bin es nicht wert, mich zu bücken, um ihm die Schuhe aufzuschnüren. Ich habe euch nur mit Wasser getauft, er aber wird euch mit dem Heiligen Geist taufen.

(Markusevangelium 1,1–8)

Am zweiten Adventssonntag im Lesejahr B wird der Anfang des Markusevangeliums gelesen. Es beginnt mit den Worten: „Anfang des Evangeliums von Jesus Christus, dem Sohn Gottes". Was bedeutet hier das Wort „Evangelium"? Zweierlei: Zuerst ist damit der Name einer jener vier Schriften gemeint, die in der Bibel, im Neuen Testament, so bezeichnet werden. Es sind die Schriften, die vom Leben, Sterben und Auferstehen Jesu handeln, und als deren Verfasser die vier „Evangelisten“ gelten: Matthäus, Markus, Lukas und Johannes.

Mit „Evangelium“ wird aber auch die Lehre Jesu bezeichnet. Gleich nach dem heutigen Evangelium ist zu lesen: „Nachdem man Johannes ins Gefängnis geworfen hatte, ging Jesus wieder nach Galiläa; er verkündete das Evangelium Gottes und sprach: Die Zeit ist erfüllt, das Reich Gottes ist nahe. Kehrt um, und glaubt an das Evangelium.“ Das Evangelium meint hier nicht eine der vier genannten Schriften, sondern deren Inhalt, die Botschaft Jesu, seine Lehre, sein Anliegen, das, was er zu sagen hatte.

Heute geht es um beides: den Anfang der Schrift, die wir das „Evangelium nach Markus“ nennen, und den Anfang der Verkündigung des Evangeliums Jesu, seiner Botschaft für die Menschen. Beide, das Evangelium als Buch und das Evangelium als Botschaft, haben etwas Einzigartiges, Unverwechselbares.

Der Theologe und Religionsphilosoph Eugen Biser (1918–2014) hat über die Evangelien als Bücher der Bibel gesagt: „Sie stehen im weiten Feld der Weltliteratur einzigartig da. Von keinem anderen Religionsstifter gibt es Evangelien, und in der ganzen Weltliteratur ist die Evangeliengattung etwas völlig einmalig Dastehendes.“ Woran liegt das? Wie kam es zur Schöpfung dieser Schriften, und was sind sie eigentlich?

Das älteste der vier Evangelien ist das von Markus verfasste. Die Mutter des Markus gehörte zur ersten Christengemeinde in Jerusalem. Ihr Sohn begleitete Paulus auf seiner ersten Missionsreise und war später mit Petrus und Paulus in Rom, wo er wahrscheinlich auch sein Evangelium niederschrieb.

Ich schätze das Markusevangelium sehr. Im Lesejahr B werden an den meisten Sonntagen vom Ersten Advent bis Christkönig Abschnitte daraus gelesen. Es ist zwar das kürzeste Evangelium, aber es zeigt uns Jesus so lebensnah und direkt, dass ich oft den Eindruck habe, ihm selbst zu begegnen, ihn zu sehen und zu hören. Und genau darum geht es ja im Evangelium: Jesus zu begegnen, sein Wort zu hören und sein Wirken zu sehen.

Oft wurde die Frage gestellt: Sind die Evangelien glaubwürdig? Begegnet uns hier wirklich Jesus – oder sind es vielmehr die Vorstellungen, die die Menschen sich damals von Jesus machten? Da hilft uns gerade der erste und älteste Darsteller des Lebens Jesu. Markus ist sehr nüchtern. Er schmückt nichts aus. Er gibt den unmittelbaren Eindruck von Jesus wieder, schlicht und direkt. Matthäus und Lukas haben vieles aus anderen Quellen und Erinnerungen ergänzt, und Johannes hat aus eigenem Erleben mit Jesus Kostbares hinzugefügt. Aber den Kern des Evangeliums, die unvergleichlich starke Wirkung, die Jesu Person und sein Wort und Tun hinterlassen haben, dürfen wir im Markusevangelium empfangen.

## Eine Sternstunde des Lebens

*Lesejahr C*

> Es war im fünfzehnten Jahr der Regierung des Kaisers Tiberius; Pontius Pilatus war Statthalter von Judäa, Herodes Tetrarch von Galiläa, sein Bruder Philippus Tetrarch von Ituräa und Trachonitis, Lysanias Tetrarch von Abilene; Hohepriester waren Hannas und Kajaphas. Da erging in der Wüste das Wort Gottes an Johannes, den Sohn des Zacharias. Und er zog in die Gegend am Jordan und verkündigte dort überall Umkehr und Taufe zur Vergebung der Sünden. (So erfüllte sich,) was im Buch der Reden des

> Propheten Jesaja steht: *Eine Stimme ruft in der Wüste: Bereitet dem Herrn den Weg! Ebnet ihm die Straßen! Jede Schlucht soll aufgefüllt werden, jeder Berg und Hügel sich senken. Was krumm ist, soll gerade werden, was uneben ist, soll zum ebenen Weg werden. Und alle Menschen werden das Heil sehen, das von Gott kommt.*
>
> (Lukasevangelium 3,1–6)

Genauer kann die Zeitangabe nicht sein: „Es war im fünfzehnten Jahr der Regierung des Kaisers Augustus“, also im Jahr 28 unserer Zeitrechnung. Und auch die damaligen Machtverhältnisse sind klar angegeben. Zuerst wird der Statthalter des Kaisers genannt: Pontius Pilatus. Damit ist klar, wer das Sagen hat: die Römer, die Besatzungsmacht. Alle weiteren sind nur von Gnaden des Kaisers: die drei lokalen „Könige“ Herodes, sein Bruder Philippus und Lysanias aus der Nachbarprovinz. Auch die religiösen Oberhäupter verdanken ihr Amt dem Wohlwollen des Kaisers in Rom.

In dieser Welt der Mächtigen tritt einer auf, der keine andere Macht hat als den Ruf Gottes, der an ihn erging. Er wohnt nicht in einem Palast. Er hat keine Kasernen voller Soldaten. Er lebt in der Wüste. Was weiß man schon in Rom, am Hof des mächtigen Kaisers, von dem, was da im 14. Jahr seiner Regierung in der fernen Provinz von Judäa geschieht? Die römischen Geschichtsschreiber berichten nichts davon. Aber Lukas, der Evangelist, weiß, dass es ein weltgeschichtlicher Moment ist, eine „Sternstunde der Menschheit". Er fasst es in eines gewaltiges Wort: „Alle Menschen werden das Heil sehen, das von Gott kommt."

Lukas begleitet uns im Lesejahr C. Sonntag für Sonntag werden wir Abschnitte aus seinem Evangelium lesen. Unter den vier Evangelisten ist er der „Historiker" Jesu. Er schreibt selbst, dass er allem genau nachgegangen ist, um die Ereignisse des Lebens Jesu zuverlässig zu berichten, um zu zeigen, dass sie glaubwürdig sind.

Jesus beginnt sein Wirken bei Johannes dem Täufer am Jordan. Und deshalb ist für Lukas das Auftreten des Johannes ein weltgeschichtlich bedeutsames Ereignis. Hier beginnt etwas ganz Großes, Neues. Gott selbst greift ein. Nicht der Kaiser bestimmt den Lauf der Geschichte. Gott ist ihr Herr. Von ihm kommt das Heil, er ist der Retter.

An uns aber liegt es, ihm den Weg zu bereiten. Advent heißt Ankunft. Es ist an der Zeit, für Gottes Kommen „die Straßen zu ebnen". Dazu braucht es nur eines: die Änderung der Herzen. Johannes rief überall zur Umkehr auf. Als Zeichen dient das Untertauchen im Jordan, die Taufe, und das ehrliche Bekennen der eigenen Fehler. Denn nur so kommt es zur Vergebung der Sünden.

„Ebnet ihm die Straßen!" Der Advent soll Gottes Kommen bereiten. Die Hindernisse sind vielfältig. „Jede Schlucht soll aufgefüllt werden." Alle können wir nachdenken über die Klüfte, die uns voneinander trennen. Sie werden zurzeit wieder größer. Vorurteile, gegenseitiges Misstrauen, üble Nachrede – vieles kann zu tiefen Gräben werden, die wir überbrücken müssen. „Jeder Berg und Hügel soll sich senken." Missverständnisse und Konflikte können sich wie Berge zwischen uns auftürmen. Wer wird sie wieder abbauen? „Was krumm ist, soll gerade werden." Wie viel Verqueres hindert unsere Herzen daran, Gottes Heil zu empfangen! „Jetzt ist die Zeit der Gnade", sagt die Bibel. Der Advent kann für mich eine Sternstunde meines Lebens werden!

# *Dritter Adventssonntag*

## Wenn Zweifel uns plagen

*Lesejahr A*

Johannes hörte im Gefängnis von den Taten Christi. Da schickte er seine Jünger zu ihm und ließ ihn fragen: Bist du der, der kommen soll, oder müssen wir auf einen andern warten? Jesus antwortete ihnen: Geht und berichtet Johannes, was ihr hört und seht: *Blinde sehen wieder* und *Lahme* gehen; Aussätzige werden rein, und *Taube hören; Tote stehen auf* und *den Armen wird das Evangelium verkündet.* Selig ist, wer an mir keinen Anstoß nimmt.

Als sie gegangen waren, begann Jesus zu der Menge über Johannes zu reden; er sagte: Was habt ihr denn sehen wollen, als ihr in die Wüste hinausgegangen seid? Ein Schilfrohr, das im Wind schwankt? Oder was habt ihr sehen wollen, als ihr hinausgegangen seid? Einen Mann in feiner Kleidung? Leute, die fein gekleidet sind, findet man in den Palästen der Könige. Oder wozu seid ihr hinausgegangen? Um einen Propheten zu sehen? Ja, ich sage euch: Ihr habt sogar mehr gesehen als einen Propheten. Er ist der, von dem es in der Schrift heißt: *Ich sende meinen Boten vor dir her; er soll den Weg für dich bahnen.*

Amen, das sage ich euch: Unter allen Menschen hat es keinen größeren gegeben als Johannes den Täufer; doch der Kleinste im Himmelreich ist größer als er.

(Matthäusevangelium 11,2–11)

Zweifel können plagen. Zweifel an einer Entscheidung: War sie richtig? Zweifel an einer Person: Ist sie zuverlässig? Zweifel an Gott: Hat er mich verlassen? Habe ich mich getäuscht? Hat Gott mich enttäuscht? Wenn solche Zweifel in unserer Seele aufkommen, kann das wie ein nagender Schmerz sein.

Wie aber muss der Zweifel im Herzen Johannes des Täufers gebrannt haben! Er war im Gefängnis. Aus Rache und böser Willkür wurde er eingesperrt. Er hatte den Mut gehabt, für die Wahrheit einzutreten. Dem König hatte er offen ins Angesicht widerstanden, weil er sich die Frau seines Bruders „geschnappt“ hatte. Johannes war beim Volk überaus beliebt. Die Menschen hielten ihn für einen Propheten. Sein Leben war ganz glaubwürdig. Seine Predigt bewegte, erschütterte die Scharen. Alle ließen sich von ihm taufen, viele bekehrten sich. Aber alles Bemühen des Johannes galt nur einem: dem, der nach ihm kommen sollte. Ihm wollte er den Weg bereiten. Denn er werde der wahre Befreier, der Messias sein. Johannes sah sich als Wegbereiter für Jesus.

Nun ist Jesus da und Johannes im Gefängnis. Da befällt ihn der schreckliche Zweifel: Habe ich mich getäuscht? Habe ich mich von Gott täuschen lassen? In seiner Not schickt er seine Anhänger zu Jesus mit der direkten Frage: „Bist du der, der kommen soll, oder müssen wir auf einen anderen warten?“

Was löste diesen dramatischen Zweifel im Herzen des Johannes aus? Was kann bei uns, bei mir, Zweifel an Gott, Zweifel an Jesus auslösen? Offensichtlich immer wieder dasselbe: Warum schweigt Gott zu unserer Not? Wo ist Jesu Macht, wenn es mir schlecht geht? Warum tritt Jesus nicht entschiedener auf? Warum befreit er mich nicht aus dem Kerker? Vielleicht hat diese Frage den Johannes geplagt. Warum darf ein König Herodes ihn ins Gefängnis werfen, und Jesus tut nichts, um ihn daraus zu befreien?

Dabei wird deutlich, dass nicht nur Johannes solche Zweifel an Jesus hatte. Auch die engsten Begleiter Jesu hatten damit zu kämpfen. Warum machte ihr Meister nicht mehr aus seinem Erfolg? Warum nutzte er ihn nicht, um die Macht zu ergreifen? Sollte er nicht auf Erden Ordnung schaffen? Alle Apostel haben sich an Jesu scheinbarer Ohnmacht und Untätigkeit gestoßen. Musste man sich da nicht fragen, ob auch Jesus selbst nur ein weiterer Vorläufer war, für einen wirklich Starken, der dann endgültig alles ins Lot bringt?

Der Islam zum Beispiel geht davon aus, dass Jesus zwar ein großer Prophet war, aber eben doch nicht der, „der da kommen soll". Erst mit dem Koran und Mohammed sei dann die endgültige Antwort Gottes gegeben worden, heißt es da.

Hat Jesus dem zweifelnden Johannes eine befriedigende Antwort gegeben? Es ist dieselbe Antwort, die er auch auf unsere Zweifel gibt: „Geht und berichtet dem Johannes, was ihr seht und hört!" Darauf kommt es an: „Sehen, was Jesus tut, und hören, was Jesus sagt, ist der einzige Weg, der zum Glauben führt" (Adolf Schlatter). Hinschauen, hinhören!

Jesus löst unsere Zweifel nicht durch irgendwelche Schauwunder. Aber wer sich auf ihn und seinen Weg einlässt, dessen Zweifel werden sich auflösen wie der Nebel in der Sonne.

## Freude in der Dunkelheit

*Lesejahr B*

> Es trat ein Mensch auf, der von Gott gesandt war; sein Name war Johannes. Er kam als Zeuge, um Zeugnis abzulegen für das Licht, damit alle durch ihn zum Glauben kommen. Er war nicht selbst das Licht, er sollte nur Zeugnis ablegen für das Licht. …
>
> Dies ist das Zeugnis des Johannes: Als die Juden von Jerusalem aus Priester und Leviten zu ihm sandten mit der Frage: Wer bist du?, bekannte er und leugnete nicht; er bekannte: Ich bin nicht der Messias. Sie fragten ihn: Was bist du dann? Bist du Elija? Und er sagte: Ich bin es nicht. Bist du der Prophet? Er antwortete: Nein. Da fragten sie ihn: Wer bist du? Wir müssen de-

nen, die uns gesandt haben, Auskunft geben. Was sagst du über dich selbst? Er sagte: *Ich bin die Stimme, die in der Wüste ruft: Ebnet den Weg für den Herrn!,* wie der Prophet Jesaja gesagt hat. Unter den Abgesandten waren auch Pharisäer. Sie fragten Johannes: Warum taufst du dann, wenn du nicht der Messias bist, nicht Elija und nicht der Prophet? Er antwortete ihnen: Ich taufe mit Wasser. Mitten unter euch steht der, den ihr nicht kennt und der nach mir kommt; ich bin es nicht wert, ihm die Schuhe aufzuschnüren. Dies geschah in Betanien, auf der anderen Seite des Jordan, wo Johannes taufte.

(Johannesevangelium 1,6–8.19–28)

Der dritte Adventssonntag heißt „Gaudete". Denn das erste Wort des Gottesdienstes lautet: „Gaudete – freut euch!" Mitten in dieser dunklen Dezemberzeit, in der es erst spät hell und schon so früh dunkel wird, soll Freude aufleuchten.

„Freut euch im Herrn zu jeder Zeit! Noch einmal sage ich: Freut euch! Denn der Herr ist nahe." Wie zeigt sich diese Freude? Ist sie erfahrbar? Wo ist sie zu finden? Viele leiden in diesen Wintermonaten an Depressionen. Die lange Dunkelheit, wenig Sonnenschein, graues, kaltes Wetter, dazu der Stress der Vorweihnachtszeit, all das macht es nicht leicht, Freude aufkommen zu lassen. Und doch, so heißt es heute in der Liturgie der Kirche, dürfen, ja sollen wir uns freuen.

Für mich hat Weihnachten auch einen ganz einfachen, natürlichen Grund, mich zu freuen. Es ist die Wintersonnenwende. Ab Christi Geburtsfest werden die Tage wieder länger. Auch wenn es dann bis zum Frühling noch lange dauert, tröstet die Gewissheit: Es wird wieder heller! In der ersten Lesung der heutigen Sonntagsliturgie heißt es so hoffnungsvoll beim Propheten Jesaja: „Denn wie die Erde die Saat wachsen lässt und der Garten die Pflanzen hervorbringt, so bringt Gott, der Herr, Gerechtigkeit hervor!"

So sicher wie das Frühjahr kommt, so gewiss wie es wieder heller und wärmer wird, so sehr dürfen wir auf Gottes Nähe und Hilfe vertrauen. Die Natur mit ihrem zuverlässigen Ablauf wird zum Zeichen für die Zusage von Gottes Treue und Trost. Die schlichte menschliche Vorfreude auf sonnigere Tage wird zur Hilfe, sich auf Gottes Kommen zu freuen: „Der Herr ist nahe!"

Das ist auch die Botschaft Johannes des Täufers. Er erschließt uns eine noch tiefere Quelle der Freude. Sie ist nicht so leicht zu erfassen wie die Freude auf das Ende der dunklen Tage. Sie hat mit einer inneren Haltung, einer Lebenseinstellung zu tun, die schwer zu erwerben ist, aber umso glücklicher macht. Wir können sie in das dreimal wiederholte Wort des Johannes fassen: „Ich bin es nicht." Johannes schafft es, nicht sich selbst in den Mittelpunkt zu stellen. Und wem das gelingt, der stößt zu einer tiefen, verborgenen Quelle der Freude vor.

„Es trat ein Mensch auf, der von Gott gesandt war." Johannes wusste sich von Gott erwählt und beauftragt. Aber er hat sich damit nicht wichtig gemacht. Er hat von sich weggewiesen und auf den hingewiesen, dem er den Weg ebnen sollte, auf Jesus. „Ich bin nicht wert, ihm die Schuhe aufzuschnüren", sagt Johannes von sich im Blick auf Jesus. Ist das übertriebene Demut? Falsches Sich-Kleinmachen? Johannes hat einmal gesagt: „Er, Jesus, muss wachsen, ich muss abnehmen." Er versteht sich als Vorläufer, als Wegbereiter. Und darin findet er eine ganz tiefe Freude. Einmal sagt er: „Der Freund des Bräutigams freut sich, wenn er dessen Stimme hört."

Freude in dieser winterlichen, dunklen Zeit? Versuchen wird es mit der „Methode" des Johannes: Lieber andere großmachen als sie niedermachen. Bessere andere hervorheben als sich selbst wichtigmachen. Ich wage es, eine Garantie abzugeben: Das bringt Freude in die Dunkelheit!

## Was sollen wir tun?

*Lesejahr C*

> [In jener Zeit fragten die Leute Johannes den Täufer:] Was sollen wir also tun? Er antwortete ihnen: Wer zwei Gewänder hat, der gebe eines davon dem, der keines hat, und wer zu essen hat, der handle ebenso. Es kamen auch Zöllner zu ihm, um sich taufen zu lassen, und fragten: Meister, was sollen wir tun? Er sagte zu ihnen: Verlangt nicht mehr, als festgesetzt ist. Auch Soldaten fragten ihn: Was sollen denn wir tun? Und er sagte zu ihnen: Misshandelt niemand,

erpresst niemand, begnügt euch mit eurem Sold!

Das Volk war voll Erwartung und alle überlegten im Stillen, ob Johannes nicht vielleicht selbst der Messias sei. Doch Johannes gab ihnen allen zur Antwort: Ich taufe euch nur mit Wasser. Es kommt aber einer, der stärker ist als ich, und ich bin es nicht wert, ihm die Schuhe aufzuschnüren. Er wird euch mit dem Heiligen Geist und mit Feuer taufen. Schon hält er die Schaufel in der Hand, um die Spreu vom Weizen zu trennen und den Weizen in seine Scheune zu bringen; die Spreu aber wird er in nie erlöschendem Feuer verbrennen. Mit diesen und vielen anderen Worten ermahnte er das Volk in seiner Predigt.

(LUKASEVANGELIUM 3,10–18)

Ihr Natterngezücht! Ihr Schlangenbrut! Mit diesen gar nicht zarten Worten hat Johannes der Täufer die Menschen seiner Tage angesprochen. Er wollte sie aufrütteln. Sie zur Umkehr bewegen: „Wer hat euch denn gelehrt, dass ihr dem kommenden Gericht entrinnen könnt?“ Johannes war gewiss, dass eine Zeit der Prüfung bevorsteht. Eine Zeit, in der sich zeigt, was standhält und was untergeht. Eine Zeit, in der „die Spreu vom Weizen getrennt wird". Diese Zeit liegt nicht irgendwo in der Zukunft. Sie ist bereits da: „Schon ist die Axt an die Wurzel der Bäume gelegt. Jeder Baum, der keine guten Früchte hervorbringt, wird umgehauen und ins Feuer geworfen."

Diese Rede ist hart, aber treffend. Viele Menschen spürten damals, dass große Veränderungen in der Luft lagen. Heute ist eine ähnliche Situation: Sorgen und Ängste nehmen zu. Die Unsicherheit wächst. Die Zukunft ist ungewiss. Vieles kommt zusammen, das den Horizont verdüstert. Die zunehmende Arbeitslosigkeit, der abnehmende Wohlstand, die großen Flüchtlingszahlen, unsere niedrigen Geburtszahlen, der Rückgang des Christentums, der Vormarsch des Islams, die wachsende Unsicherheit, die Veränderung des Klimas, der drohende Terror ...

Das wäre Grund genug, besorgt in die kommenden Zeiten zu blicken. Doch was tun wir? Wir suchen die Schuld an alledem bei den anderen. An erster Stelle bei den Politikern, als könnten diese mit dem Zauberstab alle genannten Gefahren abwenden. Dann bei den anderen Ländern, den anderen Religionen, den Ausländern, den Wirtschaftsflüchtlingen ... Allzu selten hören wir die Fragen, die damals die Menschen dem Täufer Johannes stellten: Was sollen wir tun? *Wir,* nicht die anderen! Was die anderen tun sollten, das scheinen wir nur zu gut zu wissen. An jedem Stammtisch weiß man besser, was zu tun wäre – von den anderen.

Es ist Zeit, uns selbst die Frage zu stellen: „Was sollen wir also tun?" So ernst die Worte des Johannes waren, so einfach sind seine Antworten: Du kannst etwas tun! Es ist gar nicht so kompliziert. Du kannst nicht die ganze Welt verändern. Aber du kannst dein Verhalten ändern. Und damit ein kleines Stück der Welt.

Du hast mehr Gewand, als du brauchst? Teile es mit denen, die keines haben! Wie schön, dass so viele Menschen in unserem Land genau das tun. Zahlreiche Beispiele ließen sich nennen. Viele, die als Flüchtlinge zu uns kommen, die nur das eigene Gewand am Leib haben, erleben die Hilfsbereitschaft der Menschen. Sie erfahren so, dass christliche Haltungen bei uns gelebt werden.

Wer zu essen hat, gebe denen, die nichts zu essen haben. Ich bin immer wieder beeindruckt von den verschiedenen Initiativen. Und es sind nicht nur

Christen. Die Sikhs, Mitglieder einer indischen Religion, haben zum Beispiel am Wiener Hauptbahnhof oder in Salzburg ehrenamtlich für Flüchtlinge gekocht. So viele freiwillige Helfer gibt es in unserem Land, wann immer eine Notsituation Hilfe erfordert.

Was kann man noch tun? Nicht bei Preisen, Kosten, Leistungen betrügen. Den anderen nicht über den Tisch ziehen. Und was Johannes den Soldaten sagt, das passt für viele anderen auch: „Misshandelt niemand, erpresst niemand, begnügt euch mit eurem Sold!" Wir können den Krieg im Nahen Osten und den Hunger in Afrika nicht beenden. Aber wir können Tag für Tag das hier und jetzt Mögliche tun. Darauf kommt es vor allem an. Das kann mein Beitrag sein.

# *Vierter Adventssonntag*

## Das große Weihnachtsgeschenk

*Lesejahr A*

Mit der Geburt Jesu Christi war es so: Maria, seine Mutter, war mit Josef verlobt; noch bevor sie zusammengekommen waren, zeigte sich, dass sie ein Kind erwartete – durch das Wirken des Heiligen Geistes. Josef, ihr Mann, der gerecht war und sie nicht bloßstellen wollte, beschloss, sich in aller Stille von ihr zu trennen. Während er noch darüber nachdachte, erschien ihm ein Engel des Herrn im Traum und sagte: Josef, Sohn Davids, fürchte dich nicht, Maria als deine Frau zu dir zu nehmen; denn das Kind, das sie erwartet, ist vom Heiligen Geist. Sie wird einen Sohn gebären; ihm sollst du den Namen Jesus geben; denn er wird sein Volk von seinen Sünden erlösen.

Dies alles ist geschehen, damit sich erfüllte, was der Herr durch den Propheten gesagt hat:

*Seht, die Jungfrau wird ein Kind empfangen, einen Sohn wird sie gebären, und man wird ihm den Namen Immanuel geben,* das heißt übersetzt: Gott ist mit uns. Als Josef erwachte, tat er, was der Engel des Herrn ihm befohlen hatte, und nahm seine Frau zu sich.
(MATTHÄUSEVANGELIUM 1,18–24)

Vom Anfang bis zum Schluss hat das Evangelium eine große Botschaft: Gott ist mit uns. Und diese Botschaft hat einen Namen, ein Gesicht. Sie ist nicht zuerst *etwas,* sondern *jemand:* Jesus. Von ihm spricht das Evangelium vom ersten bis zum letzten Wort. Der Evangelist Matthäus ist das ganze Lesejahr A über an den Sonntagen unser Begleiter.

Das Matthäusevangelium beginnt mit der „Genealogie" Jesu, den Generationen beginnend bei Abraham, zunächst bis zu David und dann weiter mit all den Vorfahren Jesu. Das Evangelium endet mit dem großen Wort der Verheißung, das Jesus am Schluss seines irdischen Weges in Galiläa zu seinen Aposteln gesagt hat: „Und siehe, ich bin mit euch alle Tage bis zum Ende der Welt."

Heute gibt der Evangelist Matthäus eine doppelte Deutung des Namens Jesu. Josef, der mit Maria verlobt ist, aber noch nicht mit ihr zusammenlebt, bekommt im Traum eine Botschaft. Er soll das Kind, das Maria erwartet, Jesus nennen: „Jeschua", sein Name, bedeutet: Gott rettet. Gott ist Heil. Und wovon Gott durch Jesus rettet, wird gleich dazugesagt: „Denn er wird sein Volk von seinen Sünden erlösen."

In wenigen Tagen wird in der ganzen Welt das wohl berühmteste österreichische Lied gesungen werden: „Stille Nacht, heilige Nacht". Dessen erste Strophe endet mit den Worten: „Christus, der Retter, ist da!" Der Evangelist Matthäus fügt noch eine weitere Deutung des Namens Jesu hinzu. Er zeigt, dass mit der Geburt Jesu eine Verheißung in Erfüllung geht, die siebenhundert Jahre früher der Prophet Jesaja angekündigt hatte: „Siehe, die Jungfrau wird empfangen und einen Sohn gebären, und sie werden ihm den Namen Immanuel geben, das heißt übersetzt: Gott mit uns."

Jesus, der Retter. Jesus, der Gott mit uns. Das ist die Botschaft des heutigen Evangeliums. Die große Frage ist freilich: Wer hört diese Botschaft? Wem hilft sie? Wer kann damit etwas anfangen? Wird sie im Weihnachtstrubel wahrgenommen? Wie kann sie eine gute Nachricht für mich persönlich werden? Denn sie will ja in meinem Leben ankommen, für mich Hilfe und Heilung sein.

Das heutige Evangelium, davon bin ich überzeugt, gibt uns eine ganz persönliche Hilfe, Jesus im eigenen Leben einen Platz zu geben. Denn es zeigt uns, wie Jesus im Leben der ersten beiden Menschen angekommen ist, die mit ihm zu tun hatten: im Leben seiner Eltern. Wie es Maria erging, die seine Mutter wurde, und wie es Josef erlebte, der nicht sein Erzeuger war und doch sein Vater wurde.

Beide haben dieses Kind als unerwartetes Geschenk empfangen. Sie haben sich darauf eingelassen, obwohl es gar nicht ihren eigenen Plänen entsprach. Gott hat sie überrascht, und daraus wurde das große Geschenk für ihr Leben. Das ist der tiefere Sinn aller Weihnachtsgeschenke: Jesus selbst, der „Gott mit uns“.

# Wie soll das geschehen?

*Lesejahr B*

Im sechsten Monat wurde der Engel Gabriel von Gott in eine Stadt in Galiläa namens Nazaret zu einer Jungfrau gesandt. Sie war mit einem Mann namens Josef verlobt, der aus dem Haus David stammte. Der Name der Jungfrau war Maria. Der Engel trat bei ihr ein und sagte: Sei gegrüßt, du Begnadete, der Herr ist mit dir. Sie erschrak über die Anrede und überlegte, was dieser Gruß zu bedeuten habe. Da sagte der Engel zu ihr: Fürchte dich nicht, Maria; denn du hast bei Gott Gnade gefunden. *Du wirst ein Kind empfangen, einen Sohn wirst du gebären: dem sollst du den Namen* Jesus *geben.* Er wird groß sein und Sohn des Höchsten genannt werden. Gott, der Herr, wird ihm *den Thron* seines Vaters *David* geben. Er wird über das Haus Jakob *in Ewigkeit* herrschen, und *seine Herrschaft* wird kein Ende haben. Maria sagte zu dem Engel: Wie soll das geschehen, da ich keinen Mann erkenne?

Der Engel antwortete ihr: Der Heilige Geist wird über dich kommen, und die Kraft des Höchsten wird dich überschatten. Deshalb wird auch das Kind heilig und Sohn Gottes genannt werden. Auch Elisabet, deine Verwandte, hat noch in ihrem Alter einen Sohn empfangen; obwohl sie als unfruchtbar galt, ist sie jetzt schon im sechsten Monat. Denn *für Gott ist nichts unmöglich.* Da sagte Maria: Ich bin die Magd des Herrn; mir geschehe, wie du es gesagt hast. Danach verließ sie der Engel.
(LUKASEVANGELIUM 1,26–38)

Maria stellt diese Frage: „Wie soll das geschehen?“ Sie soll ein Kind empfangen, einen Sohn bekommen, und der soll „Sohn des Höchsten“, also Sohn Gottes genannt werden. Und sie ist nur verlobt, lebt noch nicht mit ihrem Verlobten zusammen (wie das heute weitgehend üblich ist). Auf diese so verständliche Frage bekommt sie eine rätselhafte Antwort: „Der Heilige Geist wird über dich kommen.“ Das heißt doch: Gott selbst wird dir dieses Kind schenken. Dazu hat Maria schließlich ihr Ja gesagt: „Mir geschehe, wie du es gesagt hast.“

Wie können wir heute dieses Evangelium lesen? Die wenigsten Menschen haben schon einen Engel gesehen und gehört. Was hier berichtet wird, fällt völlig aus dem Rahmen des Alltäglichen. Engel kommen kaum so sichtbar auf Besuch. Oder fehlt den meisten Menschen (auch mir selbst) das Organ, um diese überirdische Welt wahrzunehmen? Haben nur wenige die Feinfühligkeit, Botschaften des Himmels zu vernehmen?

Der kritische Zeitgenosse sagt: Das ist alles eine fromme Legende. Ein besonders kritischer Geist wird wohl auch weiterfragen: Woher kennt der Autor des Evangeliums diese Geschichte? Ist sie historisch glaubwürdig? Wer war dabei? Wer war Zeuge dieser Begegnung zwischen dem Engel und Maria? Und woher wissen wir, dass wirklich diese Worte gesprochen wurden? Der Fromme mag darauf dem Kritiker antworten: „Lass mir meine schöne Geschichte von der Verkündigung an Maria! Schau dich um in den großen Werken der Kunst: Wie oft wurde von den Meistern der Malerei mit inniger Zartheit diese Szene dargestellt! Ich lasse sie mir von deiner Kritik nicht verderben."

Wie oft habe ich dieses Evangelium schon gehört und gelesen. Immer noch hat es seinen unvergleichlichen Zauber, rührt es das Herz an. Für mich ist klar: Nur Maria selbst konnte von diesem Moment in ihrem Leben berichten. Nur sie hat ihn erlebt. Er hat ihr Leben von Grund auf verändert. Mir hilft dabei der Vergleich mit einer meiner Lieblingsheiligen, Bernadette Soubirous von Lourdes. Als ihr 1858 die Muttergottes erschien, war sie 14 Jahre alt, das Alter, das Maria wahrscheinlich hatte, als ihr der Engel erschien.

Bernadette war die einzige Zeugin der Marienerscheinungen. So wie Maria allein die Erscheinung des Engels bezeugt hat. Bernadette hat bis zu ihrem Tod immer wieder erzählt, wie ihr Maria erschienen ist und was sie zu ihr gesagt hat. Unvergesslich hatte sich ihr jedes Wort der Muttergottes eingeprägt. Vor allem aber: Bernadette war glaubwürdig. Sie überzeugte durch ihre Einfachheit, Klarheit und Bescheidenheit. Und Maria bestätigte das durch viele Zeichen und Wunder, die seither in Lourdes geschehen sind.

Wie soll das geschehen? So fragt Maria. Diese Frage stellt sich in unserem Leben immer wieder, besonders in Momenten, wo wir nicht weiterwissen, keine Lösung sehen. Die Antwort bekommen wir, wenn wir wie Maria Gott zutrauen, dass bei ihm nichts unmöglich ist. Glauben und vertrauen wir, dass Gott wirklich in unserem Leben da ist und wirkt! So wie Maria geglaubt hat!

## Ein Kind der Hoffnung

*Lesejahr C*

Nach einigen Tagen machte sich Maria auf den Weg und eilte in eine Stadt im Bergland von Judäa. Sie ging in das Haus des Zacharias und begrüßte Elisabet. Als Elisabet den Gruß Marias hörte, hüpfte das Kind in ihrem Leib. Da wurde Elisabet vom Heiligen Geist erfüllt und rief mit lauter Stimme: Gesegnet bist du mehr als alle anderen Frauen, und gesegnet ist die Frucht deines Leibes. Wer bin ich, dass die Mutter meines Herrn zu mir kommt? In dem Augenblick, als ich deinen Gruß hörte, hüpfte das Kind vor Freude in meinem Leib. Selig ist die, die geglaubt hat, dass sich erfüllt, was der Herr ihr sagen ließ.
(Lukasevangelium 1,39–45)

Advent ist die Zeit der Hoffnung. „Guter Hoffnung sein" – so sagte man früher, wenn eine Frau schwanger war. Advent ist die Zeit der Schwangerschaft Marias. Sie erwartet ein Kind. Zu Weihnachten feiern wir seine Geburt. Die „Zeit ihrer Niederkunft" ist nahe, wie ein anderer etwas altmodischer Ausdruck sagt.

All die schönen Worte sind aus dem Gebrauch gekommen, Worte, mit denen man die Schwangerschaft umschrieb: ein Kind unter dem Herzen tragen, oder: gesegneten Leibes sein. Stattdessen steht heute die ganze hochtechnische medizinische Begleitung der Schwangerschaft mit ihren Untersuchungen und Tests im Vordergrund – so wichtig sie auch ist.

Aber was verstehe ich schon davon, wie es ist, schwanger zu sein? Ein Kind zu erwarten, geht einher mit Freuden und Sorgen, Mühen und Hoffnungen, Ängsten und Erlebnissen. Was weiß ich schon von diesem wohl geheimnisvollsten Zustand, durch den wir alle gegangen sind, ohne den keiner auf der Welt wäre: die neun Monate im Mutterschoß, von der Empfängnis bis zur Geburt.

Im Evangelium dieses vierten Adventssonntags sehen wir zwei schwangere Frauen. Es wird berichtet, wie sie einander begegnen. Maria steht ganz am Anfang ihrer Schwangerschaft. Elisabet, ihre Verwandte, ist bereits im sechsten Monat. Lange hatte sie ein Kind erhofft, litt unter ihrer scheinbaren Unfruchtbarkeit. Schließlich können sie und ihr Mann Zacharias doch noch ein Kind bekommen.

So erleben beide, Maria und Elisabet, ihre Schwangerschaft als ein Geschenk, ja als ein Wunder. Eigentlich ist *jede* Schwangerschaft ein Wunder der Natur, wie aus zwei Zellen, der Ei- und der Samenzelle, ein neuer Mensch entsteht. So viel die Forschung auch inzwischen über alle die Vorgänge, die im Werden des Embryos zusammenwirken, entdeckt hat – wie wir entstehen und zum Leben kommen, bleibt ein wunderbares Geheimnis.

Noch geheimnisvoller ist die Begegnung der beiden Schwangeren, Maria und Elisabet. Das Kind, das Elisabet erwartet, reagiert heftig auf den Gruß Marias an ihre Verwandte. Es „hüpft vor Freude“ in ihrem Leib. Elisabet grüßt Maria als „die Mutter meines Herrn“. Sie spürt, sie ahnt, dass das Kind, das Maria erwartet, etwas ganz Besonderes ist. Und Maria weiß, dass es so ist. Denn sie hat dieses Kind nicht von Josef, auch nicht von einem anderen Mann empfangen. Es ist Gottes Kind, ihr von Gott geschenkt.

Elisabet spricht es aus: „Gesegnet ist die Frucht deines Leibes."

Ich freue mich immer, wenn ich eine Schwangere segnen darf. Oft habe ich erlebt, das später eine Mutter mir sagte: „Dieses Kind haben Sie gesegnet, als ich mit ihm schwanger war!" Ein wenig darf ich in solchen Momenten von dem spüren, was Maria und Elisabet bei ihrer Begegnung empfunden haben. In unserer Welt voller Gewalt und Unfrieden ist das Bild der freudigen Begegnung dieser beiden Schwangeren für mich eine große Hoffnung. Was ist wehrloser als eine schwangere Frau mit ihrem Kind? Und doch ist sie stärker als alle grausame Gewalt. Maria trägt Jesus unter dem Herzen, den Sohn Gottes, der ein Menschenkind werden wollte. Mit Elisabet dürfen wir Maria danken, dass sie Ja gesagt und uns dieses Kind geboren hat. Es ist unsere ganze Hoffnung!

# *In der Heiligen Nacht*

In jenen Tagen erließ Kaiser Augustus den Befehl, alle Bewohner des Reiches in Steuerlisten einzutragen. Dies geschah zum ersten Mal; damals war Quirinius Statthalter von Syrien. Da ging jeder in seine Stadt, um sich eintragen zu lassen.

So zog auch Josef von der Stadt Nazaret in Galiläa hinauf nach Judäa in die Stadt Davids, die Betlehem heißt; denn er war aus dem Haus und Geschlecht Davids. Er wollte sich eintragen lassen mit Maria, seiner Verlobten, die ein Kind erwartete. Als sie dort waren, kam für Maria die Zeit ihrer Niederkunft, und sie gebar ihren Sohn, den Erstgeborenen. Sie wickelte ihn in Windeln und legte ihn in eine Krippe, weil in der Herberge kein Platz für sie war.

In jener Gegend lagerten Hirten auf freiem Feld und hielten Nachtwache bei ihrer Herde. Da trat der Engel des Herrn zu ihnen, und der Glanz des Herrn umstrahlte sie. Sie fürchteten sich sehr, der Engel aber sagte zu ihnen: Fürchtet euch nicht, denn ich verkünde euch eine große Freude, die dem ganzen Volk zuteil werden soll: Heute ist euch in der Stadt Davids der Retter geboren; er ist der Messias, der Herr. Und das soll euch als Zeichen dienen: Ihr werdet ein Kind finden, das, in Windeln gewickelt, in einer Krippe liegt. Und plötzlich war bei dem Engel ein großes himmlisches Heer, das Gott lobte und sprach: Verherrlicht ist Gott in der Höhe, und auf Erden ist Friede bei den Menschen seiner Gnade.

(Lukasevangelium 2,1–14)

## Stille Herbergssuche

Herbergssuche ist vielerorts noch ein beliebter Brauch. Erinnert wird an Maria und Josef, die in Betlehem ein Quartier suchen, aber abgewiesen werden „weil in der Herberge kein Platz für sie war". So müssen sie sich mit einem Stall begnügen. Und als Maria ihr Kind zur Welt bringt, bleibt nur die Futterkrippe für das Vieh als Bettchen für das Neugeborene.

Zur Herbergssuche werden gern Lieder gesungen. Beliebt und bekannt ist der Wechselgesang zwischen dem Wirt, der keinen Platz hat, und dem armen Paar, Maria und Josef, denen er barsch die Tür weist: „Wer klopfet an?“ – „O zwei gar arme Leut“ – „Was wollt ihr dann?“ – „O gebt uns Herberg heut! O, durch Gottes Lieb wir bitten, öffnet uns doch eure Hütten!“ – „O nein, o nein!“ – „O lasset uns doch ein!“ – „Es kann nicht sein!“ – „Wir wollen dankbar sein!“ – „Nein, nein, nein, es kann nicht sein! Da geht nur fort, ihr kommt nicht rein!“

So geht der Wechselgesang noch mehrere Strophen weiter, bis das arme Paar schließlich im Viehstall Unterschlupf findet. Doch dort, in diesem Notquartier, ereignet sich das, was eigentlich Weihnachten ausmacht: Maria „gebar ihren Sohn, den Erstgeborenen. Sie wickelte ihn in Windeln und legte ihn in eine Krippe, weil in der Herberge kein Platz für sie war“.

Herbergssuche heute: Meist wird da an die vielen Flüchtlinge unserer Tage erinnert. Der Vergleich ist naheliegend: Ist noch Platz für sie? Ist das Boot schon voll, wie manche sagen? Sind die europäischen Gastländer überfordert? Sicher ist es gerade an Weihnachten besonders angebracht, an die vielen

Menschen zu denken, die einsam, heimatlos, obdachlos sind. Dazu gehören die Flüchtlinge, aber auch viele andere Menschen bei uns. Wie ist ihnen an Weihnachten zumute?

Ich denke aber noch an eine andere Herbergssuche. Sie gehört ganz eigentlich zum Sinn des Weihnachtsfestes: Gott selbst sucht einen Platz bei uns Menschen. Er selbst klopft an die Tür. Er bittet um Einlass. Und wird so oft abgewiesen. Braucht Gott Quartier bei uns? Ist er nicht überall? Ist nicht alles sein Eigentum? Und wie sieht die Herbergssuche Gottes aus? Woran ist er zu erkennen? Gott selbst ist es, der um Aufnahme bittet.

## Ihr werdet ein Kind finden

Die Weltpolitik schiebt die Menschen hin und her und fragt nicht, wie es dabei dem Einzelnen ergeht. Das ist heute so, das war damals nicht anders, als Josef und Maria sich auf die mühsame Reise nach Betlehem machen mussten, weil der Kaiser seine Kassen mit dem Steuergeld der unterworfenen Völker füllen wollte.

Die Winterreise von Nazaret nach Betlehem war alles eher als bequem. Und die große Politik fragte nicht, ob das für eine hochschwangere Frau der beste Moment war.

An Weihnachten kann ich nicht anders, als an die Ähnlichkeit von damals und heute zu denken. Wieder ist es die Weltpolitik, die Millionen Menschen zur Flucht nötigt, weil die Mächtigen dieser Welt ihre Konflikte auf dem Rücken der Kleinen und Wehrlosen austragen. Macht, Erdöl, Geld und Waffen sind wichtiger als das Wohl zahlloser Menschen, Kinder und Älterer, Familien und Freunde. Kriege ohne Ende, weil die Interessen der Großen mehr zählen als das Wohl von Menschen, die einfach in Frieden leben wollen.

In eben diese Welt wollte Gott selbst kommen. Das ist das Neue, Überwältigende am Geschehen der Weihnacht. Gott lässt sich herumschieben wie die Flüchtlinge heute, die über Meere gefahrvoll die Freiheit suchen, um dann von Land zu Land abgeschoben zu werden, weil nirgendwo für sie ein Platz ist. Der Kaiser befiehlt – und das Kind, das Maria unter ihrem Herzen trägt, kann nicht zu Hause zur Welt kommen, sondern irgendwo unterwegs, zufällig in einem Stall, mit einem Futtertrog als Bettchen, weil sonst kein ordentlicher Platz zu finden war.

So kommt Gott in diese Welt; und seit Gott im Stall von Betlehem als Kind geboren wurde, ist kein Mensch auf der Flucht, keiner, der kein Dach über dem Kopf hat, für Gott ein Fremder. Gott selbst hat sich wirklich arm gemacht, hat auf alle Macht und allen Glanz der Großen verzichtet. Mit nichts ist er in diese Welt gekommen. Arme Hirten sind die Ersten, die ihn verehren, weil sie sich nicht schrecken vor so viel Armut.

Genau über dieser Not von Betlehem tut sich der Himmel auf. Den Hirten, die Nachtwache halten bei ihren Herden, leuchtet helles Licht auf. „Die Herrlichkeit des Herrn“ zeigt sich ihnen. Nicht in weltlichem Prunk und irdischer Macht, sondern als eine Freude, die in ihren dunklen Alltag hineinstrahlt. „Ich verkünde euch eine ganz große Freude: Heute ist euch in der Stadt Davids der Retter geboren; er ist der Messias, Christus, der Herr.“

Und nun das Erstaunliche: Diese große Ankündigung wird mit einem Zeichen verknüpft: „Ihr werdet ein Kind finden, das, in Windeln gewickelt, in einer Krippe liegt.“ Diese einfachen Hirten fanden es dann auch so, wie der Engel es gesagt hatte: ein Kind in einem Futtertrog.

Wer Weihnachten wirklich erleben will, muss sich auf diese Logik Gottes einlassen. Auch heute ist er dort zu finden, wo Menschen von den Mächten dieser Welt hin- und hergeschoben werden. Gott ist in dem armen Kind in der Krippe unter uns erschienen. Wer ihn dort sucht, über dem wird der Himmel heute Nacht offenstehen.

# *Weihnachtstag*

Im Anfang war das Wort, und das Wort war bei Gott, und das Wort war Gott. Im Anfang war es bei Gott. Alles ist durch das Wort geworden, und ohne das Wort wurde nichts, was geworden ist. In ihm war das Leben, und das Leben war das Licht der Menschen. Und das Licht leuchtet in der Finsternis, und die Finsternis hat es nicht erfasst. Es trat ein Mensch auf, der von Gott gesandt war; sein Name war Johannes. Er kam als Zeuge, um Zeugnis abzulegen für das Licht, damit alle durch ihn zum Glauben kommen. Er war nicht selbst das Licht, er sollte nur Zeugnis ablegen für das Licht. Das wahre Licht, das jeden Menschen erleuchtet, kam in die Welt. Er war in der Welt, und die Welt ist durch ihn geworden, aber die Welt erkannte ihn nicht. Er kam in sein Eigentum, aber die Seinen nahmen ihn nicht auf. Allen aber, die ihn aufnahmen, gab er Macht, Kinder Gottes zu werden, allen, die an seinen Namen glauben, die nicht aus dem Blut, nicht aus dem Willen des Fleisches, nicht aus dem Willen des Mannes, sondern aus Gott geboren sind. Und das Wort ist Fleisch geworden und hat unter uns gewohnt, und wir haben seine Herrlichkeit gesehen, die Herrlichkeit des einzigen Sohnes vom Vater, voll Gnade und Wahrheit. Johannes legte Zeugnis für ihn ab und rief: Dieser war es, über den ich gesagt habe: Er, der nach mir kommt, ist mir voraus, weil er vor mir war. Aus seiner Fülle haben wir alle empfangen, Gnade über Gnade. Denn das Gesetz wurde durch Mose gegeben, die Gnade und die Wahrheit kamen durch Jesus Christus. Niemand hat Gott je gesehen. Der Einzige, der Gott ist und am Herzen des Vaters ruht, er hat Kunde gebracht.

(Johannesevangelium 1,1–18)

## Niemand hat Gott je gesehen

Deutlicher kann man es nicht sagen: „Niemand hat Gott je gesehen." Deshalb ist es ja so leicht, daraus zu schließen: Also gibt es ihn nicht. Als Juri Gagarin (1934–1968) im Jahr 1961 als erster Mensch im All war, sagte er, er habe Gott dort nicht gesehen – und hatte damit völlig recht: Gott ist unsichtbar. Gagarin sagte das als Bestätigung des offiziellen sowjetischen Atheismus. Er hat keinen Gott gesehen, also gibt es keinen. Das ist ein primitives Argument. So primitiv wie das des berühmten Arztes Rudolf Virchow (1821–1902), der gesagt haben soll, er habe beim Operieren nie eine Seele gesehen. Weil etwas unsichtbar ist, heißt das noch nicht, dass es nicht existiert.

Niemand hat je Gott gesehen. Das sagt auch Johannes im berühmten Prolog zu seinem Evangelium. An anderer Stelle sagt Johannes: „Wir werden ihn, Gott, sehen, wie er ist." Aber das ist nicht möglich in dieser Welt. Es bleibt daher die Frage, ob das nicht genauso eine Täuschung, eine Vertröstung sein kann. Wird das wirklich so sein? Wenn Gott unsichtbar ist, wie sollen wir ihn je sehen? Wie sollen wir glauben, dass es ihn gibt?

Johannes gibt darauf eine Antwort: Einer *hat* Gott gesehen. Einer kann deshalb Kunde von Gott bringen. Einer kann von Gott reden, weil er ihn wirklich kennt: Jesus, den wir den Christus, den Sohn Gottes nennen. Er hat nicht nur eine Ahnung von Gott, wie die meisten von uns. Er hat nicht nur geglaubt, dass es Gott gibt, wie es die große Mehrheit der Menschen tut. Er weiß es. Er hat unmittelbare Kenntnis, direktes Wissen von Gott.

Dafür nennt Johannes einen Grund: Christus, „der Gott ist und am Herzen des Vaters ruht, er hat Kunde gebracht". Jesus kennt Gott, weil er selbst Gott ist, weil er aus dem Herzen Gottes stammt. Wörtlich steht da: der „im Schoß des Vaters ist".

Jesus kann Kunde von Gott bringen, weil Gott ihm kein Unbekannter, Unsichtbarer ist. Wie ist Jesus bei und in Gott? Johannes hat dafür einen starken Ausdruck gefunden: Jesus ist in Gott wie das Wort im Herzen. Noch ehe es ausgesprochen wird, trage ich es im Herzen. Jesus ist Gottes Wort. Und dieses war immer schon in Gott, und es war selbst Gott. Durch sein Wort hat Gott alles geschaffen. Alle Geschöpfe sagen daher etwas von Gott. Sie sind seine Sprache. Wer aufmerksam die Schöpfung betrachtet, hört und sieht in allen Dingen Gottes Wort.

Aber in keinem Geschöpf hat Gott sich so deutlich ausgesprochen wie in Jesus. In ihm, so sagt Johannes, ist Gottes Wort „Fleisch geworden". Bei diesen Worten knien im Weihnachtsgottesdienst alle nieder. Es ist wirklich zum Niederknien. Gott ist sichtbar geworden. Nicht in seinem unendlichen, unsichtbaren Geheimnis, sondern in einem kleinen Menschenkind. „Das Wort ist Fleisch geworden und hat unter uns gewohnt." Gott ist ganz nahe gekommen. Er wohnt in unserer Mitte. Das ist die Weihnachtsbotschaft. Wie aber sehen wir ihn? Wo finden wir ihn? In der Krippe? Gewiss. Aber ganz nahe ist er mir im Nächsten, der mich braucht. Heute schon.

## Weihnachten geht weiter

Größer könnte der Gegensatz nicht sein. In der Heiligen Nacht stand ein kleines *Kind* in der Mitte, das arm und armselig in einem Stall zur Welt gekommen ist. Heute, am Christtag, ist vom *Wort* die Rede, das im Anfang war, bei Gott, und selbst Gott, von dem Wort, durch das alles geworden ist, und in dem Licht und Leben für alle ist. Und beide, dieses arme kleine Kind und das allgewaltige Wort, sind ein und dieselbe Wirklichkeit: Jesus ist das kleine Kind und das große Wort.

Wie passt das zusammen? Eben das ist das Wunderbare und Wunderschöne an Weihnachten. Darin liegt der unvergleichliche Zauber des Festes, das gestern bei der Krippe begonnen hat und heute mit dem Christtag gefeiert wird. Die Klammer, die den Heiligen Abend und den Weihnachtstag verbindet, ist das, was in der Mitte des heutigen Evangeliums steht: „Das Wort ist Fleisch geworden und hat unter uns gewohnt."

Das wird für immer die wirkliche Bedeutung des Weihnachtsfestes bleiben, die tiefe Quelle, aus der die Freude dieses Festes entspringt. Da mag sich noch so viel Weihnachtsrummel darüber lagern. Kein Kitsch kann letztlich diese Quelle zuschütten. „Das Wort ist Fleisch geworden", das heißt doch: Gott ist Mensch geworden. In der Armseligkeit des Stalles von Betlehem ist Gott selbst zu uns gekommen. Er ist sich nicht zu gut, unser Elend als seinen Wohnort zu wählen.

Ich frage mich jedes Jahr zu Weihnachten, woher die Faszination dieses Festes kommt. Ich sehe keinen anderen Grund, als dass wir ahnen, ob wir gläubig sind oder nicht: Hier ist uns etwas wunderbar Kostbares geschenkt. Gott wohnt unter uns. Er ist nicht der unendlich Ferne. Er ist selbst ein kleines Kind geworden und wir dürfen uns als Kinder Gottes verstehen. Deshalb ist Weihnachten das Fest der Kinder. Doch auch wir Älteren zehren immer noch von der kindlichen Freude der Weihnachtsüberraschung.

Bald ist freilich Weihnachten vorbei und der Alltag beginnt wieder. Was wird bleiben von diesem Fest und seiner langen Vorbereitung im Advent? Die Weihnachtsmärkte schließen, eine Weile bleibt noch die Weihnachtsbeleuchtung. Bald schon werden die Christbäume entsorgt. Alles nur ein kurzes Zwischenspiel im grauen Alltag?

Die Weihnachtsbotschaft endet nicht heute. Denn „das Wort ist Fleisch geworden und hat unter uns gewohnt“. Gott bleibt bei uns wohnen. Er hat sein Zelt nicht abgebrochen. Er bleibt Mensch unter uns Menschen. Er löscht sein Licht nicht aus, wie die Weihnachtsbeleuchtung abgedreht wird. In unserem Alltag bleibt er gegenwärtig als der „Gott mit uns“. „Aus seiner Fülle haben wir alle empfangen, Gnade über Gnade.“ Weihnachten geht weiter. Wir müssen es nur achtsam wahrnehmen!

# *Fest der Heiligen Familie*

## Familie auf der Flucht

*Lesejahr A*

Als die Sterndeuter wieder gegangen waren, erschien dem Josef im Traum ein Engel des Herrn und sagte: Steh auf, nimm das Kind und seine Mutter, und flieh nach Ägypten; dort bleibe, bis ich dir etwas anderes auftrage; denn Herodes wird das Kind suchen, um es zu töten. Da stand Josef in der Nacht auf und floh mit dem Kind und dessen Mutter nach Ägypten. Dort blieb er bis zum Tod des Herodes. Denn es sollte sich erfüllen, was der Herr durch den Propheten gesagt hat: *Aus Ägypten habe ich meinen Sohn gerufen.* …

Als Herodes gestorben war, erschien dem Josef in Ägypten ein Engel des Herrn im Traum und sagte: Steh auf, nimm das Kind und seine Mutter, und zieh in das Land Israel; denn die Leute, die dem Kind nach dem Leben getrach-

tet haben, sind tot. Da stand er auf und zog mit dem Kind und dessen Mutter in das Land Israel. Als er aber hörte, dass in Judäa Archelaus an Stelle seines Vaters Herodes regierte, fürchtete er sich, dorthin zu gehen. Und weil er im Traum einen Befehl erhalten hatte, zog er in das Gebiet von Galiläa und ließ sich in einer Stadt namens Nazaret nieder. Denn es sollte sich erfüllen, was durch die Propheten gesagt worden ist: Er wird Nazoräer genannt werden.
(MATTHÄUSEVANGELIUM 2,13–15.19–23)

Der Sonntag nach Weihnachten wird als „Fest der Heiligen Familie" gefeiert. Drei Dinge am heutigen Evangelium bewegen mich besonders: die Flucht, die Heimkehr und die Rolle des Vaters.

Da ist zuerst die Flucht: Die Heilige Familie, Josef, Maria und das neugeborene Kind, teilen das Schicksal zahlloser Familien, die auf der Flucht sind. Wie viel Not, wie viel Angst, wie viel Leid – weltweit. Ich denke vor allem an Syrien, jetzt, da der Winter die Situation der Millionen von Flüchtlingen besonders bitter macht. Ich denke an meinen ersten Lebenswinter 1945/46, als meine Mutter, mein zweijähriger Bruder und ich als Flüchtlinge bei einer Bauernfamilie untergebracht waren, ein Flüchtlingsschicksal unter drei Millionen Heimatvertriebenen.

Die Heilige Familie floh Richtung Süden, nach Ägypten. Heute noch wissen die dort heimischen koptischen Christen von der Überlieferung zu berichten, wo Maria und Josef während dieser zwei bis drei Jahre überall gewohnt haben. Liebevoll wird die Erinnerung an den Aufenthalt dieser einzigartigen Familie gepflegt. Und gleichzeitig wissen die Christen in Ägypten, dass Verfolgung und Flucht zu ihrem Leben gehören. Viele Kopten haben inzwischen in Österreich oder Deutschland eine neue Heimat gefunden. Mit ihren Familien, mit ihrem lebendigen, leidgeprüften Glauben sind sie eine echte Bereicherung.

Das Zweite am heutigen Evangelium, das mich beeindruckt, ist die Heimkehr: Was heute vielen Flüchtlingen verwehrt bleibt, hat Gott der Heiligen Familie geschenkt: Sie durften wieder in ihre Heimat zurückkehren. Meist müssen Flüchtlinge im Land ihrer Aufnahme ein neues Leben beginnen und den Schmerz des Verlustes der Heimat überwinden. Die Generation meiner Großeltern und Eltern war tief geprägt vom Heimweh nach dem verlorenen Zuhause. Aber sie haben auch mutig in der neuen Heimat ein neues Leben aufgebaut. Josef und Maria konnten, als die schlimmste Zeit vorbei war, in ihre Heimat, nach Nazaret zurückkehren. Wie sehr wünschen wir den Flüchtlingen heute, dass sich die Hoffnung auf eine Heimkehr einmal erfüllt.

Das Dritte, das mich am heutigen Evangelium bewegt, ist die Rolle des Vaters, des heiligen Josef: Er ist der Beschützer, der Wächter, der Hirte dieser kleinen Familie. Maria und das Kind sind geborgen unter seinem Schutz. Es ist ein erschütterndes und zugleich tröstliches Bild, von vielen Künstlern nachempfunden, wie diese drei Menschen sich noch in der Nacht auf die Flucht begeben. Josef ergreift die Initiative, nimmt die Mutter, das Kind, die wenigen Habseligkeiten und bricht sofort auf, um das Kind vor dem mörderischen Zugriff zu retten.

Dieses Bild hat sich tief ins Bewusstsein der Christen eingeprägt: Bei Josef ist die Familie geborgen. Ist nicht die ganze große Familie der Christen unter seinem Schutz? Der heilige Josef gilt als Patron der Kirche, als ihr besonderer Beschützer. Für mich ist Josef darüber hinaus das große Vorbild der Väter. Er ist ganz offen für Gottes Wegweisung. Er ist das Haupt seiner Familie, nicht als Tyrann und Beherrscher, sondern als liebevoll Sorgender. Es ist heute nicht leicht, Vater zu sein. Es war auch damals alles eher als einfach. Wir dürfen den heiligen Josef umso mehr um seine Hilfe bitten.

## Die Großfamilie Jesu

*Lesejahr B*

> [Es kam für die Eltern Jesu] der Tag der vom Gesetz des Mose vorgeschriebenen Reinigung. Sie brachten das Kind nach Jerusalem hinauf, um es dem Herrn zu weihen, gemäß dem Gesetz des Herrn, in dem es heißt: *Jede männliche Erstgeburt soll dem Herrn geweiht sein.* Auch wollten sie ihr Opfer darbringen, wie es das Gesetz des Herrn vorschreibt: *ein Paar Turteltauben oder zwei junge Tauben.*
>
> In Jerusalem lebte damals ein Mann namens Simeon. Er war gerecht und fromm und wartete auf die Rettung Israels, und der Heilige Geist ruhte auf ihm. Vom Heiligen Geist war ihm

offenbart worden, er werde den Tod nicht schauen, ehe er den Messias des Herrn gesehen habe. Jetzt wurde er vom Geist in den Tempel geführt; und als die Eltern Jesus hereinbrachten, um zu erfüllen, was nach dem Gesetz üblich war, nahm Simeon das Kind in seine Arme und pries Gott mit den Worten: Nun lässt du, Herr, deinen Knecht, wie du gesagt hast, in Frieden scheiden. Denn meine Augen haben *das Heil gesehen,* das du *vor allen Völkern* bereitet hast, ein Licht, das *die Heiden* erleuchtet, und *Herrlichkeit* für dein Volk *Israel.*

Sein Vater und seine Mutter staunten über die Worte, die über Jesus gesagt wurden. Und Simeon segnete sie und sagte zu Maria, der Mutter Jesu: Dieser ist dazu bestimmt, dass in Israel viele durch ihn zu Fall kommen und viele aufgerichtet werden, und er wird ein Zeichen sein, dem widersprochen wird. Dadurch sollen die Gedanken vieler Menschen offenbar werden. Dir selber aber wird ein Schwert durch die Seele dringen.

Damals lebte auch eine Prophetin namens Hanna, eine Tochter Pénuels, aus dem Stamm Ascher. Sie war schon hochbetagt. Als junges

Mädchen hatte sie geheiratet und sieben Jahre mit ihrem Mann gelebt; nun war sie eine Witwe von vierundachtzig Jahren. Sie hielt sich ständig im Tempel auf und diente Gott Tag und Nacht mit Fasten und Beten. In diesem Augenblick nun trat sie hinzu, pries Gott und sprach über das Kind zu allen, die auf die Erlösung Jerusalems warteten.

Als seine Eltern alles getan hatten, was das Gesetz des Herrn vorschreibt, kehrten sie nach Galiläa in ihre Stadt Nazaret zurück. Das Kind wuchs heran und wurde kräftig; Gott erfüllte es mit Weisheit, und seine Gnade ruhte auf ihm. (LUKASEVANGELIUM 2,22–40)

Der Sonntag nach Weihnachten ist der Familie gewidmet, allen Familien, besonders der Heiligen Familie, der Familie Jesu. Das fügt sich gut, denn Weihnachten ist für viele das besondere Fest der Familie. Es ist die Zeit, da die Familie zusammenkommt, gemeinsam feiert, füreinander Zeit hat. Es ist oft auch die Zeit, in der Familienspannungen besonders schmerzlich erlebt werden, wo Risse im Gefüge der Familie deutlich werden, Konflikte hervortreten,

Verletzungen spürbar sind. Manche fürchten deshalb die Weihnachtszeit. Der Gegensatz zwischen dem Wunsch nach Geborgenheit in der Familie und der Realität ihrer Uneinigkeit tut zu Weihnachten besonders weh.

Wie war das mit der Heiligen Familie? Heute wird sie uns als leuchtendes Vorbild dargestellt. Und sie ist es. Die alte Tradition, die Heilige Familie, Jesus, Maria und Josef um Hilfe anzurufen, ist gut und richtig, ganz besonders für unsere eigenen Familien. Wir bitten um gegenseitige Liebe, Verstehen, Verzeihen, um den Frieden untereinander.

Mich bewegt die Frage, wie die Heilige Familie gelebt hat. Wir wissen wenig über die langen Jahre, die Jesus im Kreis seiner Familie in Nazaret gelebt hat. Aber es ist doch mehr, als meist angenommen wird.

Wie in jeder Familie hatten Jesu Eltern selbst Eltern und ihre eigenen Familien. Marias Eltern waren Joachim und Anna. Von Josef wissen wir nur den Namen des Vaters, er hieß Jakobus. Hatten sie Geschwister? Von Maria wird einmal eine Schwester genannt. Josef dürfte einen Bruder namens Klopas gehabt haben. Wahrscheinlich hatten beide mehrere Geschwister. Und da ist natürlich eine weitere

Verwandtschaft. Von Elisabet, der Mutter Johannes des Täufers, wissen wir, dass sie eine Verwandte Marias war.

Und wie ist es mit den öfters erwähnten „Brüdern Jesu"? Hatte Jesus Geschwister? Als Jesus einmal auf Besuch in seine Heimat Nazaret kam, sagten die Leute: „Ist das nicht der Zimmermann, der Sohn der Maria und der Bruder von Jakobus, Joses, Judas und Simon? Leben nicht seine Schwestern hier unter uns?" Am bekanntesten wurde Jakobus, der später die Gemeinde in Jerusalem leitete und dem wir den Jakobusbrief im Neuen Testament verdanken. Nach alter Überlieferung waren diese „Geschwister" Jesu nahe Verwandte, vielleicht aus einer ersten Ehe Josefs.

Eines wird deutlich: Die Heilige Familie war nicht eine moderne „Kleinstfamilie", sondern lebte in einem weiten Netz von Verwandtschaft. Wie in allen menschlichen Familien gab es in dieser Verwandtschaft Spannungen und Konflikte, nicht nur Eintracht und Harmonie. So wissen wir, dass die „Brüder" Jesu am Anfang heftig gegen ihn waren, als er Nazaret verließ und öffentlich aufzutreten begann. „Er ist verrückt geworden", sagten sie.

Was bedeutet heute „die Heilige Familie“? Jesus wollte eine möglichst weite, große Familie, nicht im leiblichen Sinn, sondern sozusagen durch Adoption. Er sagte: „Wer den Willen meines Vaters im Himmel tut, der ist mir Bruder, Schwester und Mutter.“ Wer an ihn glaubt, gehört zu seiner Familie. Jesus ist nicht nur der Herr und Meister, sondern unser Bruder. Er will allen Menschen Bruder sein und will, dass alle Menschen Brüder und Schwestern werden, die große Familie Gottes. Die kleine Heilige Familie ist das Herz dieser Großfamilie. Sie kann manche Wunden unserer oft so verletzten Familien heilen. Darum dürfen wir heute die Heilige Familie bitten: Jesus, Maria und Josef!

## Auf die Suche nach Jesus gehen

*Lesejahr C*

Die Eltern Jesu gingen jedes Jahr zum Paschafest nach Jerusalem. Als er zwölf Jahre alt geworden war, zogen sie wieder hinauf, wie es dem Festbrauch entsprach. Nachdem die

Festtage zu Ende waren, machten sie sich auf den Heimweg. Der junge Jesus aber blieb in Jerusalem, ohne dass seine Eltern es merkten. Sie meinten, er sei irgendwo in der Pilgergruppe, und reisten eine Tagesstrecke weit; dann suchten sie ihn bei den Verwandten und Bekannten. Als sie ihn nicht fanden, kehrten sie nach Jerusalem zurück und suchten ihn dort. Nach drei Tagen fanden sie ihn im Tempel; er saß mitten unter den Lehrern, hörte ihnen zu und stellte Fragen. Alle, die ihn hörten, waren erstaunt über sein Verständnis und über seine Antworten. Als seine Eltern ihn sahen, waren sie sehr betroffen, und seine Mutter sagte zu ihm: Kind, wie konntest du uns das antun? Dein Vater und ich haben dich voll Angst gesucht. Da sagte er zu ihnen: Warum habt ihr mich gesucht? Wusstet ihr nicht, dass ich in dem sein muss, was meinem Vater gehört? Doch sie verstanden nicht, was er damit sagen wollte. Dann kehrte er mit ihnen nach Nazaret zurück und war ihnen gehorsam. Seine Mutter bewahrte alles, was geschehen war, in ihrem Herzen. Jesus aber wuchs heran, und seine Weisheit nahm zu, und *er fand Gefallen bei Gott und den Menschen.*

(LUKASEVANGELIUM 2,41–52)

Heute ist also das Fest der Heiligen Familie: Maria, Josef, Jesus. Die Eltern und das Kind. Heute ist auch die Zeit, an meine, an unsere, an alle Familien zu denken. An die Freuden und Leiden der Familien. An ihre Geborgenheit und an ihre Verletzlichkeit. Denn oft genug geht es in unseren Familien ganz und gar nicht heilig zu.

Heute richten sich die Blicke und Gedanken auf diese kleine Familie von Nazaret, der zu Weihnachten ihr erstes und einziges Kind geboren wurde. Heute bekommen wir kurz einen Einblick in ihren Alltag. Wir wissen wenig davon, wie dieser aussah. Gerade so viel, dass der Vater, Josef, Zimmermann war, also einen kleinen Betrieb besaß. Wann er starb, wie alt er damals war, wissen wir nicht und auch fast nichts vom täglichen Leben in Nazaret. Immerhin so viel erfahren wir, dass es in Nazaret eine Reihe von Verwandten gab, die im Evangelium einfach „die Brüder und Schwestern" Jesu heißen. Gemeint ist die nähere Verwandtschaft.

Jedes Jahr gehört die Wallfahrt hinauf nach Jerusalem zu den Höhepunkten des Familienlebens. Jesus ist zwölf. Das Alter der Pubertät. Das Alter für die Bar Mizwa, die Reife, ein volles Mitglied der jüdischen Gemeinde zu werden. Jesus zeigt deutlich, dass er jetzt seinen Eltern gegenüber selbständig geworden ist. Ohne sie zu fragen oder sie wenigstens zu informieren, bleibt er in Jerusalem, während die Eltern sich bereits auf den langen Heimweg machen.

Schmerzlich erleben sie, dass er nicht nur ihnen gehorcht, sondern zuerst einem Anderen, den er „meinen Vater" nennt. „Sie verstanden nicht, was er damit sagen wollte." Es berührt mich, zu spüren, wie weh ihnen dieses Wort getan hat. Sie sind nicht die letzte Autorität im Leben ihres Kindes. Sie müssen lernen, es loszulassen. Es wird selbständig. Es kommt der Tag, wo Jesus von zu Hause weggehen wird. Der Schmerz der Trennung ist das Schicksal aller Eltern.

Aber zugleich ist es die Freude der Eltern, wenn aus dem Kind ein Erwachsener wird, wenn sie erleben, dass ihr Kind nicht einfach ihnen gehört. Es gibt da einen Anderen, auf den Jesus sich bezieht, dem er mehr Platz in seinem Leben gibt als seinen Eltern. Gott hat den ersten Platz. Die Familie darf nicht über den Einzelnen herrschen wollen.

Ich höre im heutigen Evangelium noch eine andere Saite anklingen. Maria sagt zu ihrem Sohn, als sie ihn nach drei Tagen endlich im Tempel finden: „Kind, wie konntest du uns das antun? Dein Vater und ich haben dich voll Angst gesucht." Für Eltern gibt es keine schlimmere Sorge als die, ihr Kind zu verlieren. Für mich ist die Angst der Eltern Jesu auch ein Bild für eine ganz tiefe Sorge: dass ich selbst Jesus verlieren könnte. Schlimmer als alle menschlichen Verluste wäre es, Jesus nicht mehr zu finden. Es bewegt mich, mir Josef und Maria vorzustellen, wie sie voll Angst ihren Jesus suchen. Aus ganzem Herzen auf die Suche nach Jesus zu gehen und dann die Freude zu erleben, Jesus zu finden, daran muss ich heute, am Fest der Heiligen Familie, besonders denken.

# *Neujahr*

So eilten [die Hirten] hin und fanden Maria und Josef und das Kind, das in der Krippe lag. Als sie es sahen, erzählten sie, was ihnen über dieses Kind gesagt worden war. Und alle, die es hörten, staunten über die Worte der Hirten. Maria aber bewahrte alles, was geschehen war, in ihrem Herzen und dachte darüber nach. Die Hirten kehrten zurück, rühmten Gott und priesen ihn für das, was sie gehört und gesehen hatten; denn alles war so gewesen, wie es ihnen gesagt worden war.

Als acht Tage vorüber waren und das Kind beschnitten werden sollte, gab man ihm den Namen Jesus, den der Engel genannt hatte, noch ehe das Kind im Schoß seiner Mutter empfangen wurde.
(Lukasevangelium 2,16–21)

## Segen und Heil im neuen Jahr

Ein neues Jahr hat begonnen. Heute sagt man oft, ein Jahr „unserer Zeitrechnung", vielleicht, weil man Scheu hat zu sagen „nach Christi Geburt". Doch ist es eine Tatsache, dass unsere Jahre, Jahrzehnte, Jahrhunderte und inzwischen schon zwei Jahrtausende von Jesu Geburt an gezählt werden. *Post Christum natum* heißt es in den alten lateinischen Texten: nach Christi Geburt.

Lange war es Brauch, zu jeder Jahreszahl hinzuzufügen: im Jahre des Heils ... Damit wollte man zum Ausdruck bringen, dass Christus der Bringer des Heils ist und dass deshalb jedes neue Jahr an diesem Heil Anteil hat. Das ist eigentlich eine höchst optimistische Sicht auf das neue Jahr, das kaum einen Tag alt ist.

Wird es ein „Jahr des Heils" sein? Und was heißt „Heil" in diesem Zusammenhang? Wird es einen neuen Schub an Wirtschaftswachstum geben? Werden die öffentlichen (und privaten) Schulden sinken und das Realeinkommen wieder steigen? Wird der Flüchtlingsstrom aus den Krisengebieten der Welt abebben? Wird es in den vielen Unruheherden in der Welt endlich Frieden geben? Oder können wir heilfroh sein, wenn die Lage wenigstens nicht schlimmer wird?

Wie muss das neue Jahr aussehen, damit wir es ehrlichen Herzens „ein Jahr des Heils“ nennen können? Die äußeren Umstände können belastend, bedrückend sein. Gott gebe, dass uns das erspart bleibt. Ob es wirklich so wird, hängt nicht nur davon ab. Unsere eigene Einstellung kann aber einiges dazu beitragen, wie sich das Jahr gestaltet. Wir wünschen uns alle ein gutes, gesundes, friedvolles, gesegnetes neues Jahr.

Im heutigen Evangelium sehe ich drei Hinweise, wie dieses neue Jahr „heilsam“ werden kann. Da ist zuerst die Haltung der Hirten. Ihnen ist gesagt worden, dass eine große Freude auf sie wartet: „Ihr werdet ein Kind finden, das, in Windeln gewickelt, in einer Krippe liegt.“ Aber diese Freude mussten sie erst finden. Sie gingen sie suchen. Sie ließen sich nicht abschrecken von dem, was sie fanden: ein Kind armer Eltern, das in einem Stall, in einer Futterkrippe lag. Die Hirten von Betlehem zeigen uns, wo wir im neuen Jahr eine Quelle des Glücks finden können: nicht im äußeren Schein, im täuschenden Glanz, nicht in dem, was in der „Society“ als Glück angepriesen wird. Die Hirten fanden die Freude im

Kleinen, Unscheinbaren, im neugeborenen Kind. Vielleicht wird es uns im neuen Jahr wirtschaftlich nicht besser gehen als im vergangenen Jahr. Von diesen armen Menschen vom Hirtenfeld bei Betlehem können wir lernen, wo die einfachen Freuden zu finden sind. Sie mögen uns im neuen Jahr des Heils nicht fehlen.

„Maria bewahrte alles, was geschehen war, in ihrem Herzen und dachte darüber nach." Darin sehe ich einen zweiten Hinweis für ein gelungenes neues Jahr. In unserer hektischen Zeit sind wir in Gefahr, besinnungslos zu werden, nicht mehr innezuhalten und nachzudenken. Wie Maria die Ereignisse, die eigenen Erfahrungen zu bedenken, „im Herzen darüber nachzudenken", das gibt Halt und inneren Frieden. Das Gebet ist dabei eine große Hilfe.

Und schließlich ein dritter Hinweis: Nach jüdischem Brauch wurde Jesus acht Tage nach seiner Geburt, also heute, beschnitten. Der Name Jesus, Jeschua auf Hebräisch, bedeutet: Gott schafft Heil. Von Jesu Geburt an zählen wir die Jahre. Gott gebe, dass das neue Jahr für uns alle wirklich ein Jahr des Heils werde.

Wir rufen einander zum Jahresbeginn das „Prosit Neujahr" zu. Das lateinische „Prosit" bedeutet wörtlich „es nütze“, „es sei zum Nutzen, zum Guten“. Es hat denselben Sinn wie der Trinkspruch „Zum Wohl!“ Zu Recht wünschen wir einander alles Gute zum neuen Jahr. Stärker noch ist es, einander Segen zu wünschen, denn „an Gottes Segen ist alles gelegen“.

## Der gewaltlose Weg

Der 1. Jänner ist auch der Weltfriedenstag. Jedes neue Jahr beginnen wir mit der Hoffnung auf Frieden. Wir wünschen uns gegenseitig alles Gute, Gesundheit. Alle dieses Wünsche haben nur dann eine Chance auf Verwirklichung, wenn die erste Voraussetzung dafür gegeben ist: der Friede. Ohne Frieden kann nichts Gutes gedeihen, weder in der Familie noch im Staat, weder zwischen einzelnen Personen noch zwischen den Ländern.

Überall stellt sich die Frage: Wie dem Terror begegnen? Wie die gezielte Gewalt gegen Unschuldige stoppen? Leider ein höchst aktuelles Thema. Manche rufen laut nach einem „totalen Krieg gegen den Terror“. Papst Franziskus spricht nüchtern von „der

Versuchung der Rache“. Er warnt vor der Eskalation der Gewalt und wünscht sich, dass ein „Stil der Gewaltfreiheit“ alle Bereiche des Lebens kennzeichnen soll, „unsere Entscheidungen, unsere Beziehungen, unser Handeln“. Er spricht von Gewaltfreiheit.

Ist das nicht romantische Träumerei von naiven Weltverbesserern, die die Augen verschließen vor der harten Wirklichkeit unserer heutigen Welt? Mich beeindruckt ein Gedanke von Papst Benedikt XVI. Er meint, Gewaltfreiheit als Weg sei ganz realistisch, „denn er trägt der Tatsache Rechnung, dass es in der Welt zu viel Gewalt, zu viel Ungerechtigkeit gibt“. Wer wollte das bestreiten? Die Lösung kann deshalb nicht noch mehr Gewalt sein. Papst Benedikt: „Eine solche Situation kann man nur überwinden, wenn ihr ein Mehr an Liebe, ein Mehr an Güte entgegengesetzt wird.“ Wie sollte Frieden zwischen Menschen und Völkern gelingen, wenn nicht durch dieses Mehr an Liebe und Güte?

Dieses Mehr aber kommt von Gott. Wie sollten wir Menschen es allein, aus eigener Kraft schaffen, die Spirale der Gewalt zu stoppen? Ohne die Kraft von oben sind wir wehrlos den Mächten der Gewalt ausgeliefert.

Papst Franziskus erinnert an die Worte, die Mutter Teresa sagte, als sie 1979 den Friedensnobelpreis erhielt: „In unseren Familien haben wir keine Bomben und Waffen nötig und brauchen nicht zu zerstören, um Frieden zu bringen, sondern wir müssen nur zusammensein und einander lieben ... Und so werden wir alles Böse, das es in der Welt gibt, überwinden können."

Während die Waffenhändler ihr Geschäft machen, gibt es die vielen oft ganz einfachen Menschen, die ihr Leben einsetzen, nur um anderen zu helfen, noch und noch. Sie sind die wahren Friedensstifter in unserer gewaltgeplagten Welt.

Von solchen Menschen spricht das heutige Evangelium. Die Hirten von Betlehem sind die ersten Zeugen dessen, was zu Weihnachten geschah. Sie finden Maria und Josef und das Kind, das in der Krippe liegt. Bis heute ist der Weg der Hirten, die zur Krippe eilen, für Menschen in der ganzen Welt der Weg des Friedens: Jesus finden! Denn in Jesus ist Gott bei uns. Er ist so wehrlos und gewaltfrei zu uns gekommen, dass er sich im kleinen Kind in der Krippe finden lässt.

# *Zweiter Sonntag nach Weihnachten*

Im Anfang war das Wort, und das Wort war bei Gott, und das Wort war Gott. Im Anfang war es bei Gott. Alles ist durch das Wort geworden, und ohne das Wort wurde nichts, was geworden ist. In ihm war das Leben, und das Leben war das Licht der Menschen. Und das Licht leuchtet in der Finsternis, und die Finsternis hat es nicht erfasst. Es trat ein Mensch auf, der von Gott gesandt war; sein Name war Johannes. Er kam als Zeuge, um Zeugnis abzulegen für das Licht, damit alle durch ihn zum Glauben kommen. Er war nicht selbst das Licht, er sollte nur Zeugnis ablegen für das Licht. Das wahre Licht, das jeden Menschen erleuchtet, kam in die Welt. Er war in der Welt, und die Welt ist durch ihn geworden, aber die Welt erkannte ihn nicht. Er kam in sein Eigentum, aber die Seinen nahmen ihn nicht auf. Allen aber, die ihn aufnahmen, gab er Macht, Kinder Gottes zu werden, allen, die an seinen Namen glauben, die nicht

aus dem Blut, nicht aus dem Willen des Fleisches, nicht aus dem Willen des Mannes, sondern aus Gott geboren sind. Und das Wort ist Fleisch geworden und hat unter uns gewohnt, und wir haben seine Herrlichkeit gesehen, die Herrlichkeit des einzigen Sohnes vom Vater, voll Gnade und Wahrheit. Johannes legte Zeugnis für ihn ab und rief: Dieser war es, über den ich gesagt habe: Er, der nach mir kommt, ist mir voraus, weil er vor mir war. Aus seiner Fülle haben wir alle empfangen, Gnade über Gnade. Denn das Gesetz wurde durch Mose gegeben, die Gnade und die Wahrheit kamen durch Jesus Christus. Niemand hat Gott je gesehen. Der Einzige, der Gott ist und am Herzen des Vaters ruht, er hat Kunde gebracht.
(Johannesevangelium 1,1–18)

## Im Anfang war der Sinn

Was war am Anfang? Wie fing alles an? Wieso wurde alles so, wie es kam? Sonne, Mond und Sterne? Meer und Land, Berge und Täler, Pflanzen, Tiere,

Menschen – woher kommen sie alle? Warum gibt es sie? Sind sie einfach zufällig entstanden? Sind wir selbst zufällig ins Dasein hineingestolpert oder gar hineingestoßen worden?

Diese Fragen stellen sich nicht täglich. Der Alltag beschäftigt uns zu sehr. Nur zu selten finden wir die Zeit, uns auf diese Urfragen des Lebens einzulassen. Der Wiener Erzbischof Kardinal Franz König (1905–2004) hat sie oft so benannt: „Woher komme ich? Wohin gehe ich? Was ist der Sinn meines Lebens?"

Die Weihnachtstage laden dazu ein, darüber nachzudenken. Und es gibt kaum einen geeigneteren Text für diese Besinnung als die wunderbaren Worte des Prologs des Johannesevangeliums. Gleich zwei Mal wird dieser Beginn des Johannesevangeliums in der Weihnachtszeit gelesen: Am Christtag selbst, und heute noch einmal. Er beginnt mit einer gewaltigen Aussage: „Im Anfang war das Wort." Im griechischen Originaltext heißt es: „Im Anfang war der Logos." Logos bedeutet Wort, aber auch Sinn, Vernunft. Wir können also auch übersetzen: „Im Anfang war der Sinn."

Dann können wir auch den nächsten Satz so lesen: „Alles ist durch den Sinn geworden, und ohne

Sinn wurde nichts, was geworden ist." Das heißt doch: Im Anfang aller Dinge steht ein Sinn und nicht der Unsinn. Nichts ist sinnlos geworden. Denn alles wurde geschaffen und nicht vom blinden Zufall hervorgebracht. Die Welt und alles, was sie an Wunderbarem enthält, ist sinnvoll, von Gott gewollt und für uns Menschen gedacht.

Warum aber gibt es dann in dieser Welt so viel Sinnloses? Woher kommen all die dunklen Seiten, Hass und Streit, Krieg und Mord, Lieblosigkeit und sinnlose Zerstörung? Woher kommt so viel Dunkelheit in einer sinnvollen, von Gott geliebten Welt?

Gerade in der Weihnachtszeit ist dieser Widerspruch besonders schmerzlich zu erfahren. Das besinnliche Fest wird oft zum Anlass, Familienkonflikte aufbrechen zu lassen.

Unser Text weiß davon, wenn er sagt: „Das Licht leuchtet in der Finsternis, und die Finsternis hat es nicht erfasst." Und noch deutlicher: „Er (das Wort, der Sinn) kam in sein Eigentum, aber die Seinen nahmen ihn nicht auf."

Das Dunkel in der Welt hat auch damit zu tun, dass wir Menschen die Welt oft selbst finster machen. Wie viel Streit geht auf unsere eigene Rechnung. Wie oft ist es menschliche Lieblosigkeit, die den Sinn des Lebens verdunkelt!

In dieses Dunkel hinein spricht die Botschaft von Weihnachten. Sie lautet: „Und das Wort ist Fleisch geworden und hat unter uns gewohnt." Gott hat diese Welt nicht nur sinnvoll geschaffen, sondern hat diesen Sinn sichtbar gemacht. Dieser Sinn hat ein Gesicht, hat Fleisch und Blut und einen Namen. Er heißt Jesus, und er ist Gottes Sohn, der für uns Mensch geworden ist.

Allen, die dieses Kind im Herzen aufnehmen, die ihm vertrauen und ihm glauben, „gab er Macht, Kinder Gottes zu werden". Das ist der Sinn von Weihnachten. Das ist der tiefste Sinn des Lebens.

## Das menschliche Antlitz Gottes

Seit langem bewegt mich das Wort „Niemand hat Gott je gesehen." Es steht ja immerhin in dem Buch, das von der ersten bis zur letzten Seite von Gott handelt: Es steht in der Bibel!

Wie von jemandem sprechen, den niemand gesehen hat? Wie an jemanden glauben, den nie ein

Mensch gesehen hat? Können wir von Gott sprechen? Oder müssten wir eher über ihn schweigen? Die Kirche des Ostens sagt in ihrer Liturgie: „Du bist der unaussprechliche, unbegreifliche, unsichtbare und unfassbare Gott."

Vielleicht reden wir wirklich zu leichtfertig von Gott. Manche finden, dass man weder sagen noch leugnen kann, ob es Gott überhaupt gibt. Es ist die Haltung der sogenannten Agnostiker. Da man von Gott nichts wissen kann, ist es auch müßig, darüber zu spekulieren, ob es Gott gibt oder nicht, so meinen sie.

Anders sieht das das heutige Evangelium. Es sagt klar, dass niemand jemals Gott gesehen hat. Außer einem. Eine Ausnahme gibt es. Da ist einer, der einzigartig Gott kennt, und der deshalb als Einziger auch von ihm etwas sagen kann. Dieser Einzige „hat Kunde gebracht", Kunde von Gott. Das heutige Evangelium ist ein einziger Hymnus, ein begeistertes Lied oder Gedicht auf diesen Einzigen, der so mit Gott vertraut ist, dass er aus voller Kenntnis von ihm sprechen kann.

Johannes, der Verfasser des Evangeliums, nennt diesen einen „das Wort". Er sagt, das Wort sei so mit Gott eins, dass es von Anfang an bei Gott war, ja dass es selbst Gott ist. Dieses Wort ist Leben und Licht. Es durchwebt alles, erleuchtet alles, wirkt in allem und allen. Denn Gott hat alles durch das Wort geschaffen. Nichts ist ohne das Wort geworden.

In allen Menschen ist es gegenwärtig wie die Vernunft, die Seele, die alles Leben belebt, alles Verstehen ermöglicht. Es ist wie der Geist im Menschen, der uns die Wahrheit erkennen und den Irrtum vermeiden lässt. Auch wenn wir Gott nicht sehen können, so sind wir doch in der Lage zu erkennen, dass die Welt nicht zufällig geworden ist. Die Ordnung der Natur zeigt, dass sie von einem Schöpfer gewollt ist, von einer Vernunft geleitet wird.

Doch dann folgt die gewaltige Aussage, die erklärt, warum dieser Text das Weihnachtsevangelium ist: „Und das Wort ist Fleisch geworden und hat unter uns gewohnt." Dieser Einzige, der Gott „von innen her" kennt, ist Jesus Christus. Seine Geburt feiern wir zu Weihnachten. Nicht nur ein Menschenkind ist uns geboren, sondern „das Wort ist Fleisch geworden", Gottes Wort ist Mensch geworden. Jesus bringt uns Kunde von Gott, aus seinem innersten Herzen. Es stimmt: Niemand hat Gott je gesehen. Aber Jesus ist Gottes Bote. Wer ihn sieht, sieht Gottes menschliches Antlitz. Wer ihn hört, vernimmt

Gottes eigenes Wort. Gott bleibt das unbegreifliche Geheimnis. Aber Jesus, Gottes Sohn, das Kind von Betlehem, bringt uns Gott zum Greifen nahe.

# *Erscheinung des Herrn (Heilige Drei Könige)*

Als Jesus zur Zeit des Königs Herodes in Betlehem in Judäa geboren worden war, kamen Sterndeuter aus dem Osten nach Jerusalem und fragten: Wo ist der neugeborene König der Juden? Wir haben seinen Stern aufgehen sehen und sind gekommen, um ihm zu huldigen. Als König Herodes das hörte, erschrak er und mit ihm ganz Jerusalem. Er ließ alle Hohenpriester und Schriftgelehrten des Volkes zusammenkommen und erkundigte sich bei ihnen, wo der Messias geboren werden solle. Sie antworteten ihm: In Betlehem in Judäa; denn so steht es bei dem Propheten: *Du, Betlehem* im Gebiet von Juda, bist keineswegs *die unbedeutendste unter den führenden Städten von Juda; denn aus dir wird ein Fürst hervorgehen, der Hirt meines Volkes Israel.*

Danach rief Herodes die Sterndeuter heimlich zu sich und ließ sich von ihnen genau sagen, wann der Stern erschienen war. Dann

schickte er sie nach Betlehem und sagte: Geht und forscht sorgfältig nach, wo das Kind ist; und wenn ihr es gefunden habt, berichtet mir, damit auch ich hingehe und ihm huldige. Nach diesen Worten des Königs machten sie sich auf den Weg. Und der Stern, den sie hatten aufgehen sehen, zog vor ihnen her bis zu dem Ort, wo das Kind war; dort blieb er stehen. Als sie den Stern sahen, wurden sie von sehr großer Freude erfüllt. Sie gingen in das Haus und sahen das Kind und Maria, seine Mutter; da fielen sie nieder und huldigten ihm. Dann holten sie ihre Schätze hervor und brachten ihm Gold, Weihrauch und Myrrhe als Gaben dar. Weil ihnen aber im Traum geboten wurde, nicht zu Herodes zurückzukehren, zogen sie auf einem anderen Weg heim in ihr Land.
(Matthäusevangelium 2,1–12)

## Mutige Suche nach Gott

Nun ziehen sie wieder von Haus zu Haus und von Tür zu Tür: die Heiligen Drei Könige. Nicht sie selbst, sondern viele Tausend Kinder und Jugendliche, als Kaspar, Melchior und Balthasar gekleidet, mit dem Stern und mit der Kasse, in die alle die vielen Spenden kommen von Menschen, die ihre Tür öffnen, auch ihr Herz und ihre Geldbörse. So kommt jedes Jahr die große Spendenaktion zustande, durch die weltweit Projekte für Kinder in Not finanziert werden können. Danke allen Spendern!

Was bedeutet das Ereignis, das am Ursprung der Dreikönigsaktion steht? Wer waren sie, diese „Sterndeuter aus dem Osten", deren Kommen nach Jerusalem und nach Betlehem wir heute feiern? Was war der Sinn und Zweck ihrer weiten Reise? Und was haben sie uns heute zu sagen? Um die Botschaft des heutigen Festes zu verstehen, müssen wir das Zeugnis der Heiligen Schrift befragen. Die ersten „Besucher" beim neugeborenen Kind sind die Hirten vom Feld nahe Betlehem und die Sterndeuter aus dem Osten.

Zwischen beiden Gruppen besteht ein großer Unterschied: Hier die einfachen Hirten, keine Hochgebildeten, keine bedeutenden Leute in den Augen der Menschen. Dort die Weisen aus dem Orient, höchst gebildete, echte Experten, hochangesehene Forscher, bedeutende Kenner der geheimnisvollen Welt der Gestirne. Und beide finden den Weg zum „neugeborenen König der Juden".

Die Frage, die das Evangelium uns stellt, lautet daher: Wie finden Menschen heute zu Jesus? Was bedeutet es, Jesus zu finden? Die erste Antwort, die ich der Erfahrung dieser beiden Gruppen entnehme, lautet: Jesus kann von allen Menschen gefunden werden. Denn er ist für alle Menschen gekommen, egal welcher Herkunft, welchen Standes, welcher Bildung. Die Hirten kommen aus der Nachbarschaft, die Sterndeuter aus der Ferne. Beide finden sie den Weg zu Jesus.

Eine zweite Antwort: Beide Gruppen erleben eine große Freude. Freude ist das Kennzeichen der Begegnung mit Jesus. In den harten Alltag der Hirten bringt das Kind von Betlehem ein helles Licht. Und den Weisen des Ostens bedeutet der Stern, der über Betlehem stehen bleibt, eine „sehr große Freude": Wer auch immer Jesus findet, dem wird tiefe und große Freude geschenkt. Diese Erfahrung können Menschen aller Jahrhunderte bestätigen. Ich denke da etwa an den wunderschönen Choral von Johann Sebastian Bach, „Jesu, meine Freude".

Noch eine Antwort geben uns beide Gruppen: Um Jesus zu finden, muss man sich auf den Weg machen. Für die Hirten war der Weg kurz, das Hirtenfeld ist nah bei Betlehem. Oft genügen ein paar Schritte, um Jesus nahezukommen. Ein gutes Wort, ein wohlwollender Blick, eine ausgestreckte Hand dem Nächsten gegenüber kann uns zur Freude einer Begegnung mit Jesus werden. Die Sterndeuter hatten einen sehr weiten Weg. Manche Menschen müssen lange suchen, um Gott in Jesus zu finden. Umso größer ist die Freude des Findens. Und umso bewundernswerter ist der Mut, sich auf diesen weiten Weg zu machen. Ein Vorbild für alle, die in ihrem Leben Gott suchen. Sie werden nicht enttäuscht.

## Begegnung der Religionen

Das Fest Epiphanie, Erscheinung des Herrn, der Tag der Heiligen Drei Könige ist gewissermaßen ein Modell der Begegnung der Religionen. Dieses Thema betrifft heute, im Zeitalter der Globalisierung, die ganze Welt. Überall begegnen einander verschiedene Religionen. Nicht nur bei uns, sondern in allen Teilen der Erde, mischen sich die Religionen, leben nebeneinander, miteinander und leider teilweise auch gegeneinander. Die großen politischen Konflikte sind heute oft auch Religionskonflikte.

Wie sieht die Begegnung der Religionen im Licht des heutigen Festes aus? Die „Sterndeuter" aus dem Osten sind vermutlich Anhänger der persischen Religion gewesen. Der Wiener Erzbischof Kardinal Franz König (1905–2004) war ein bedeutender Kenner und Erforscher dieser Religion, von der es heute nur mehr kleine Minderheiten gibt. Das Erstaunliche an diesen „Weisen aus dem Morgenland" ist ihr Interesse nicht nur an ihrer eigenen Religion, sondern an einer ganz anderen, fremden: der Religion der Juden. Was bewog diese Gelehrten aus dem fernen Persien, sich aufzumachen und in dem unbedeutenden, kleinen Land der Juden nach einem „neugeborenen König" zu suchen? Wie kamen sie auf die Idee, eine besondere Himmelserscheinung als den Stern dieses Königs der Juden zu deuten? Eine mögliche Erklärung hatte ich bisher zu wenig bedacht. In Persien, im heutigen Iran, lebten damals Nachkommen jener Juden, die fünfhundert Jahre zuvor aus ihrer Heimat verschleppt worden waren. Von diesen „Exiljuden", die in Persien heimisch geworden waren, könnten die „Sterndeuter" gehört haben, wie sehr die Juden einen kommenden König ersehnten, den Messias, ihren Erlöser. Eine besondere Planetenkonstellation ihrer Tage sahen sie als Hinweis darauf, dass diese Erwartung jetzt in Erfüllung ging. Die Hoffnung der Juden auf einen Erlöser erfüllte auch sie mit der Sehnsucht nach einem Friedenskönig, nicht nur für die Juden, sondern für alle Völker. Mit dieser Hoffnung machten sie sich auf den weiten Weg.

Mich bewegt an dieser Geschichte die Bereitschaft, von einer anderen Religion etwas zu lernen. Diese Gelehrten aus Persien waren offen für das, was sie auch aus anderen Glaubensrichtungen bekommen können. Sonst wären sie nicht bereit gewesen, aufzubrechen und die Mühe der Suche auf sich zu nehmen.

Im Leben Jesu haben Begegnungen mit Menschen anderer Religionen als der seinen eine wichtige Rolle gespielt. Immer wieder hat er über ihre Haltung gestaunt und ihren Glauben gelobt. Manchmal hat er sogar gesagt, dass er einen so großen Glauben bei seinen eigenen Leuten nicht gefunden hat wie bei bestimmten „Heiden".

Die Sterndeuter aus dem Osten haben sich wohl gewundert, dass ihnen in der Hauptstadt des Judentums eher Ablehnung und Unglauben begegnete.

Herodes „und mit ihm ganz Jerusalem“ erschrak über die Nachricht vom neugeborenen König der Juden.

Sind wir Christen nicht manchmal wie die Leute damals in Jerusalem? Die Heiden suchen eifrig Gottes Wege, und wir sind „Gewohnheitschristen“ geworden. Die Sterndeuter waren „von sehr großer Freude erfüllt“, als sie den Stern von Betlehem sahen und Jesus fanden. Wir sind allzu oft griesgrämige Christen, die keine Freude ausstrahlen. Da kann es uns gut tun, den Eifer von Menschen anderer Religionen zu erleben, ihr Gebet, ihre Ehrfurcht vor dem Heiligen, ihre Frömmigkeit. Wenn wir müde Christen geworden sind, können uns Menschen anderer Religionen zu neuer Freude am eigenen Glauben aufwecken. Und etwas besonders Bewegendes ist es, zu erleben, wie manche von ihnen ein ähnliches Erlebnis haben wie die Sterndeuter: Wenn sie Jesus entdecken und zum Glauben an ihn finden.

# *Taufe des Herrn*

## Du kommst zu mir?

*Lesejahr A*

Zu dieser Zeit kam Jesus von Galiläa an den Jordan zu Johannes, um sich von ihm taufen zu lassen. Johannes aber wollte es nicht zulassen und sagte zu ihm: Ich müsste von dir getauft werden, und du kommst zu mir? Jesus antwortete ihm: Lass es nur zu! Denn nur so können wir die Gerechtigkeit, die Gott fordert, ganz erfüllen. Da gab Johannes nach. Kaum war Jesus getauft und aus dem Wasser gestiegen, da öffnete sich der Himmel, und er sah den Geist Gottes wie eine Taube auf sich herabkommen. Und eine Stimme aus dem Himmel sprach: *Das ist mein geliebter Sohn, an dem ich Gefallen gefunden habe.*
(Matthäusevangelium 3,13–17)

„Du kommst zu mir?“ Diese Frage des Johannes an Jesus bewegt mich. Ich kann mich ein wenig hineinfühlen in das Erstaunen des Johannes. Warum wundert er sich so, dass Jesus zu ihm an den Jordan kommt, um sich von ihm taufen zu lassen? „Ich müsste von dir getauft werden, und du kommst zu mir?“

Tatsächlich ist das überraschend. Johannes der Täufer hat die Menschen zur Umkehr aufgerufen. Sie sollten sich bekehren, ihr Leben ändern und ihre Sünden bereuen. Und als Zeichen, dass es ihnen damit ernst ist, sollten sie im Jordan untertauchen, sich taufen lassen. Der Ritus des Taufbades sollte die Reinigung von Sünden anzeigen. Der Bußruf des Johannes hat viele bewegt, zu ihm in die Wüste zu kommen, ihm ihre Vergehen zu bekennen, ihre Sünden zu beichten.

Johannes hatte ein großes Anliegen. Er wollte das Volk vorbereiten auf den, der nach ihm kommen wird, den Messias, Christus. Johannes war überzeugt, dass er selbst nur ein Vorläufer sei, ein Wegbereiter. Die eigentliche große Wende steht erst bevor. Sie wird eintreten, wenn der Messias, wenn Christus kommt. Dann wird die neue Zeit anbrechen. Der Messias wird die Befreiung bringen.

„Du kommst zu mir?" Johannes ist überrascht. Er kann es nicht fassen. Da kommt Jesus, aber ganz anders als erwartet. Jesus hat sich eingereiht in die lange Menschenschlange, die darauf wartet, von Johannes getauft zu werden. Die sich da anstellen und geduldig warten, sind doch alle Sünder. Sie kommen, weil sie Reue empfinden und Buße tun wollen. Was macht Jesus mitten unter diesen Leuten? Er ist doch kein Sünder, der umkehren muss. Im Gegenteil: Er soll doch die Menschen von ihren Sünden befreien. Johannes kann es nicht fassen. Er wehrt sich, Jesus wie einen gewöhnlichen Sünder zu taufen. Jesus aber macht ihm Mut: „Lass es nur zu!" Gott will das so. Seine Sicht ist anders.

Genau darum geht es: Gott sieht das anders als wir Menschen. Wir haben alle mehr oder weniger die Haltung, die Johannes der Täufer ausdrückt. Meist glauben wir, dass wir uns mit Gott gutstellen müssen. Weil wir wissen, dass wir unvollkommen sind, Fehler haben, arme Sünder sind, meinen wir, dass wir Gottes Wohlwollen erst erwerben müssen, indem wir uns bessern, uns bemühen, ordentlich und für Gott annehmbar zu werden. Dieses Bemühen ist ja auch etwas Gutes.

Aber Gott handelt ganz anders. Statt zu warten, bis wir uns bessern und uns ihm wieder nähern, kommt er uns entgegen. Genau darum geht es zu Weihnachten. Gott kommt zu uns. Er wird Mensch unter uns Menschen. Als Jesus mit dreißig Jahren sein öffentliches Wirken beginnt, geht er zuerst zu Johannes wie ein Sünder unter den Sündern. Und so macht er es bis heute: Er kommt uns zuvor. Er kommt uns entgegen. Er hat uns gern, auch wenn wir sehr unvollkommen sind. Staunend stellen wir fest: „Du kommst zu mir?"

## Gottes Regenbogen über unserem Leben

*Lesejahr B*

> [In jener Zeit trat Johannes in der Wüste auf und verkündete:] Nach mir kommt einer, der ist stärker als ich; ich bin es nicht wert, mich zu bücken, um ihm die Schuhe aufzuschnüren. Ich habe euch nur mit Wasser getauft, er aber wird euch mit dem Heiligen Geist taufen.

In jenen Tagen kam Jesus aus Nazaret in Galiläa und ließ sich von Johannes im Jordan taufen. Und als er aus dem Wasser stieg, sah er, dass der Himmel sich öffnete und der Geist wie eine Taube auf ihn herabkam. Und eine Stimme aus dem Himmel sprach: *Du bist mein geliebter Sohn, an dir habe ich Gefallen gefunden.*
(MARKUSEVANGELIUM 1,7–11)

Was bedeutet der Titel dieses Kapitels? Ich fand ihn bei Papst Benedikt XVI., und er hat mich beeindruckt. Der zurückgetretene und heute zurückgezogen lebende Papst sagt von der Taufe, sie sei „der Regenbogen Gottes über unserem Leben". Heute feiert die Kirche das Fest der Taufe Jesu. Sie ist das Urbild, das Vorbild jeder christlichen Taufe. Da in unserem Land gut drei Viertel der Menschen getauft sind, lohnt es sich, gerade heute darüber nachzudenken, was die Taufe bedeutet.

Was bewog Jesus, sich taufen zu lassen? Was bewegt heute die große Mehrzahl der Menschen in unserem Land, ihre Kinder taufen zu lassen? Was geht in den immer zahlreicheren Menschen vor sich, die als Erwachsene um die Taufe bitten und sich nach gründlicher Vorbereitung meist zu Ostern taufen lassen?

Fragen wir zuerst, wie alles anfing: Warum ließ Jesus sich taufen? Warum rief Johannes der Täufer die Menschen dazu auf, sich im Jordan taufen zu lassen? In den meisten Religionen gibt es Reinigungsriten. Rituelle Waschungen kennen die Hindus, die Juden, die Muslime, und auch die christlichen Kirchen haben ihre Riten mit Wasser. Das Unter- und wieder Auftauchen im Wasser ist Zeichen des Sterbens und Auferstehens, der Reinigung und der Wiedergeburt. Auch in unserer modernen Welt kann eine gute Dusche, ein warmes Bad, ein erfrischendes Schwimmen ein wenig von dieser Erfahrung vermitteln. Wasser tut wohl. Ich bin dankbar für die tägliche Dusche, die ich, nach bewährter Art von Sebastian Kneipp, im Wechsel von warm und kalt als sehr belebend empfinde.

Jesus geht zu Johannes, um sich einzureihen unter die vielen, die sich vom Täufer im Jordan untertauchen lassen, zum Zeichen der Reue, der Umkehr, der Reinigung und des Neuanfangs. Aber braucht er selbst eine solche Bußtaufe? Ist er nicht der Messias, der Christus, der Gottesmann? Gerade deshalb stellt er sich mitten unter die Menschen: Dort ist sein

Platz, das ist sein Auftrag. Er lässt sich taufen wie einer von uns, wie ein Sünder unter sündigen Menschen. „Du bist mein geliebter Sohn“, sagt Gottes Stimme, als Jesus aus dem Wasser steigt. Jesus ist in die Fluten unserer Welt eingetaucht, um uns aus ihnen herauszuführen in ein neues Leben.

Seit den ersten Anfängen haben die Christen getauft. Die Taufe ist das Eintrittstor ins Christsein. Um Christ zu werden, muss man die Taufe empfangen, wie Jesus untertauchen und wieder auftauchen. Seit Jahrhunderten ist es üblich geworden, schon die Kinder bald nach ihrer Geburt durch das Wasser der Taufe ins christliche Leben hineinzunehmen. So ist es bis heute. Selbst Eltern, die aus der Kirche ausgetreten sind, wünschen erstaunlich oft für ihre Kinder die Taufe. Was bewegt sie dazu?

Zu Beginn der Tauffeier fragt der Priester oder Diakon die Eltern des Kindes: „Was erbitten Sie für Ihr Kind?“ Die Antwort lautet: „Die Taufe!“ Man kann auch antworten: „Dass es ein Kind Gottes wird.“ Was erhoffen sich die Eltern wirklich für ihr Kind? Vermutlich einfach: Schutz, Segen, einen guten Lebensweg.

Mich beeindruckt jedes Mal neu, wenn ich eine Taufe spenden darf, welche Kraft die Zeichen haben, die den Ritus der Taufe ausmachen: Das Wasser als wesentliches Element. Die Salbung mit dem kostbaren Chrisamöl. Das Licht der Kerze. Das weiße Gewand. Der Segen über die Eltern.

Alles zusammen bezeichnet eben dieses Eine, das Papst Benedikt „den Regenbogen Gottes über unserem Leben" nennt: Gott spricht sein großes Ja über dieses Menschenkind und verheißt ihm: Ich werde bei dir sein!

## Von zwei Wegen der dritte

*Lesejahr C*

> Das Volk war voll Erwartung und alle überlegten im Stillen, ob Johannes nicht vielleicht selbst der Messias sei. Doch Johannes gab ihnen allen zur Antwort: Ich taufe euch nur mit Wasser. Es kommt aber einer, der stärker ist als ich, und ich bin es nicht wert, ihm die Schuhe aufzuschnüren. Er wird euch mit dem Heiligen Geist und mit Feuer taufen. …

Zusammen mit dem ganzen Volk ließ auch Jesus sich taufen. Und während er betete, öffnete sich der Himmel, und der Heilige Geist kam sichtbar in Gestalt einer Taube auf ihn herab, und eine Stimme aus dem Himmel sprach: *Du bist mein geliebter Sohn, an dir habe ich Gefallen gefunden.*

(Lukasevangelium 3,15–16.21–22)

Das Volk war voller Erwartung. Damals in Israel, im Land der Bibel, waren viele auf der Suche, hofften auf bessere Zeiten, sehnten sich nach Befreiung vom Joch der Römer. Manche setzten auf einen gewaltsamen Umsturz, eine Revolte, die sich zur Revolution ausweiten und die Besatzungsmacht vertreiben sollte. Terroranschläge und Aufstände gehörten zur Tagesordnung, ebenso deren blutige Niederschlagung durch die römische Armee.

Andere schlossen Kompromisse, richteten sich ein, arbeiteten mit den Herrschern aus Rom zusammen, um davon zu profitieren und halbwegs in Frieden leben zu können. Sie hatten sich eingerichtet, freilich um den Preis, ihren Glauben nicht ganz so ernst zu nehmen und dem Gott Israels, dem Gott der Väter, mit den Göttern der anderen Völker zusammen zu dienen.

Und beide Wege hassten einander: die Revolutionäre hielten die Kompromissler für Verräter an der jüdischen Religion. Die Liberalen wiederum sahen in den Radikalen eine Gefahr für das eigene Volk. Sie wollten retten, was zu retten war. Sie fürchteten, dass die Römer ihnen alles wegnehmen würde, wenn sie nicht bereit wären, mit ihnen zusammenzuarbeiten und dafür Kompromisse einzugehen. Die Revolutionäre galten ihnen als blinde Fanatiker. Beide hielten die jeweils anderen für eine lebensbedrohende Gefahr für das jüdische Volk.

Aber es gab noch eine andere Stimme. Einen einsamen Rufer in der Wüste. Er predigte weder die Revolution noch den Kompromiss. Weder erwartete er einen gewalttätigen Umsturz noch stimmte er der Anpassung an die herrschenden Umstände zu. Sein Weg war die Umkehr, sein Anliegen die Änderung des eigenen Lebens. Er wusste um die Lage seines Volkes, wie es litt und unterdrückt wurde. Den Ausweg aus der Not sah er freilich nicht in einer äußeren Revolution, sondern in der persönlichen Bekehrung. Und dazu forderte er mit großem Mut auf. Er wagte es, dem König Herodes offen entgegenzutreten und ihm zu sagen: Du hast nicht das Recht, die Frau deines Bruders dir zur Frau zu nehmen. Herodes und vor allem Herodias, die Frau seines Bruders, ließen sich diese offene Kritik nicht gefallen. Sie kostete Johannes schließlich das Leben.

Als Jesus dreißig Jahre alt war, ging er zu Johannes in die Wüste, an den Jordan, um sich von ihm taufen zu lassen. Er hat damit klar gezeigt: Sein Weg ist weder der revolutionäre Aufstand noch der angepasste Kompromiss. Johannes hat Jesus den Weg bereitet. Jesus ist den Weg des Johannes weitergegangen und hat um sich Freunde, Anhänger gesammelt, die seinen Weg allen Menschen bekanntmachen sollten. Es wurde der Weg des Evangeliums. Bis heute geht es immer wieder um diese Entscheidung, welchen der drei Wege wir wählen.

Doch worin besteht der Weg, den Johannes gelehrt hat und den Jesus gegangen ist? „Zusammen mit dem ganzen Volk ließ Jesus sich taufen." Jesus sucht seinen Platz nicht bei den radikalen religiösen Fanatikern. Auch nicht bei den angepassten Anhängern des Zeitgeistes. Er mischt sich einfach und bescheiden unter das Volk. Wie einer von ihnen lässt er sich taufen, das heißt untertauchen im Jordan, wie ein Sünder unter Sündern, wie einer von uns.

Er ist einer von uns geworden. Keinen von uns verachtet er. Allen will er Bruder sein, Freund und Helfer. Gott zeigt ihm und uns, dass das der Weg ist, der seinem Willen entspricht: „Du bist mein geliebter Sohn!“ Auf diesen Weg lädt Jesus ein. Wer ihn mit Jesus geht, verändert die Welt. Weil er zuerst sich selbst verändert.

# *Darstellung des Herrn*

## Das Licht von Betlehem

[Es kam für die Eltern Jesu] der Tag der vom Gesetz des Mose vorgeschriebenen Reinigung. Sie brachten das Kind nach Jerusalem hinauf, um es dem Herrn zu weihen, gemäß dem Gesetz des Herrn, in dem es heißt: *Jede männliche Erstgeburt soll dem Herrn geweiht sein.* Auch wollten sie ihr Opfer darbringen, wie es das Gesetz des Herrn vorschreibt: *ein Paar Turteltauben oder zwei junge Tauben.*

In Jerusalem lebte damals ein Mann namens Simeon. Er war gerecht und fromm und wartete auf die Rettung Israels, und der Heilige Geist ruhte auf ihm. Vom Heiligen Geist war ihm offenbart worden, er werde den Tod nicht schauen, ehe er den Messias des Herrn gesehen habe. Jetzt wurde er vom Geist in den Tempel geführt; und als die Eltern Jesus hereinbrachten, um zu erfüllen, was nach dem Gesetz üblich war, nahm Simeon das Kind in seine Arme und pries Gott mit den Worten: Nun lässt du, Herr, deinen Knecht, wie du gesagt hast, in Frieden scheiden. Denn meine Augen haben *das Heil gesehen,* das du *vor allen Völkern* bereitet hast, ein Licht, das *die Heiden* erleuchtet, und *Herrlichkeit* für dein Volk *Israel.*

Sein Vater und seine Mutter staunten über die Worte, die über Jesus gesagt wurden. Und Simeon segnete sie und sagte zu Maria, der Mutter Jesu: Dieser ist dazu bestimmt, dass in Israel viele durch ihn zu Fall kommen und viele aufgerichtet werden, und er wird ein Zeichen sein, dem widersprochen wird. Dadurch sollen die Gedanken vieler Menschen offenbar werden. Dir selber aber wird ein Schwert durch die Seele dringen.

Damals lebte auch eine Prophetin namens Hanna, eine Tochter Pénuels, aus dem Stamm Ascher. Sie war schon hochbetagt. Als junges Mädchen hatte sie geheiratet und sieben Jahre mit ihrem Mann gelebt; nun war sie eine Witwe von vierundachtzig Jahren. Sie hielt sich ständig im Tempel auf und diente Gott Tag und Nacht mit Fasten und Beten. In diesem Augenblick nun trat sie hinzu, pries Gott und sprach über das Kind zu allen, die auf die Erlösung Jerusalems warteten.

Als seine Eltern alles getan hatten, was das Gesetz des Herrn vorschreibt, kehrten sie nach Galiläa in ihre Stadt Nazaret zurück. Das Kind wuchs heran und wurde kräftig; Gott erfüllte es mit Weisheit, und seine Gnade ruhte auf ihm.

(Lukasevangelium 2,22–40)

Für mich geht erst heute die Weihnachtszeit zu Ende. Auch den Christbaum entsorgen wir nicht früher, obwohl er schon kräftig Nadeln lässt. Und die Krippe steht noch da. Morgen werden die Figuren eingepackt fürs nächste Weihnachtsfest. Die Älteren erinnern sich, dass das früher üblich war. Mit „Mariä Lichtmess“, dem 2. Februar, endete der Weihnachtsfestkreis. Ein wenig gilt das immer noch. Wie ist das zu verstehen?

Wir dürfen nie vergessen: Jesus ist das jüdische Kind jüdischer Eltern. Maria und Josef haben sich genau an die Gesetze und Regeln ihrer Religion gehalten. Acht Tage nach seiner Geburt haben sie Jesus beschneiden lassen. Vierzig Tage nach seiner Geburt gehen sie zum Tempel, um ein Opfer darzubringen, das ganz aus ihrer jüdischen Tradition zu verstehen ist. Nach biblischer Vorschrift muss der erstgeborene Sohn „ausgelöst" werden. Eigentlich gehört alle Erstgeburt Gott. Durch ein Opfer wird sie gewissermaßen von Gott „losgekauft". Statt des Sohnes werden Gott Tiere geopfert.

Vierzig Tage nach der Geburt muss aber auch die Mutter ein Opfer darbringen zum Zeichen ihrer „Reinigung" nach der Niederkunft. Beides machen Maria und Josef, indem sie die vom Gesetz des Mose vorgeschriebenen Opfer darbringen.

Diese uralten Riten, die die Geburt eines Kindes umgeben, sind uns heute weitgehend fremd. Was soll dieser Loskauf des Kindes, was die Reinigung der Mutter? Ich sehe darin doch eine tiefere Bedeutung und nicht nur einen Überrest aus alter Zeit. Damit wird deutlich gemacht: Das Kind gehört Gott. Den Eltern ist es anvertraut, es ist nicht ihr Besitz. Zu der „Darstellung im Tempel" geben sie es Gott zurück, von dem alles Leben kommt, auch das Leben ihres Kindes.

Viele Eltern empfinden so etwas, wenn sie ihr Kind zur Taufe bringen: Sie legen es in Gottes Hand und vertrauen es seiner Obhut und Sorge an. Und sie bekommen ihr Kind als Neugetauftes wieder zurück, gewissermaßen als Leihgabe, als Auftrag. Aber sie sollen sich bewusst bleiben, dass sie nicht Besitzer ihrer Kinder sind, sondern dass sie ihnen anvertraut sind.

Maria und Josef haben ihr Kind Gott anvertraut, von dem sie es empfangen hatten. Dieses Loslassen fiel ihnen nicht immer leicht. Maria hat schmerzlich lernen müssen, ihren Sohn ganz freizugeben für seinen Weg. Am schwersten muss es gewesen sein, als sie ihn am Kreuz sterbend erlebte.

Damals im Tempel wurde sie bereits darauf vorbereitet. Ein alter Mann, Simeon, trat in der Menschenmenge auf sie zu und sprach zu ihnen erstaunliche, rätselhafte Worte. Er habe lange Jahre auf diesen Moment gewartet, ihn ersehnt. Jetzt hielt er dieses Kind in den Armen, das so vielen Menschen Licht und Hoffnung bringen sollte. Er sagt aber auch dem Kind und der Mutter großes Leid voraus. Sicher konnte Maria in all den kommenden Jahren diese Begegnung und diese Worte nie vergessen.

Am heutigen Fest werden in den Kirchen Kerzen gesegnet und Lichter entzündet („Mariä Lichtmess“). Das Licht vom Stall von Betlehem soll weiterleuchten, „ein Licht, das die Heiden erleuchtet“, sagt der alte Simeon. Erst wenn dieses Licht in unseren Herzen angekommen ist, hat sich Weihnachten für uns erfüllt. Wie wünsche ich mir, dass es wie zu Simeon auch zu uns gelangt!